参議院選挙要覧

〈令和4年・最新版〉

選挙制度研究会 編

JN114244

国政情報センター

目 次

第1章 選挙のしくみ

制度の基本

選挙制度·· 10
定数··· 10
通常選挙··· 12
再選挙··· 12
補欠選挙··· 13

第2章 立候補するまで

立候補前の活動

·· 16

禁止される行為

事前運動の禁止·· 18
政治活動用ポスター掲示の禁止······························ 18
裏打ちポスターの禁止······································ 19
候補者等による時候の挨拶状の禁止·························· 19
挨拶を目的とする有料広告の禁止···························· 20

禁止されない行為

選挙期間前の政治活動······································ 21
政治活動用立札・看板などの制限···························· 22
演説会等の開催中に使用される文書図画······················ 23
社交的行為·· 23
立候補の準備行為·· 23
候補者の選考会・推薦会···································· 24
立候補のための瀬踏行為···································· 24
政党の公認や団体の推薦を得る行為·························· 25
選挙運動の準備行為·· 25

第3章 立候補

立候補の条件

被選挙権·· 28
重複立候補等の禁止·· 29
選挙区選出議員たることを辞した者等の立候補制限·············· 29
選挙事務関係者の立候補制限································ 29
公務員等の立候補制限······································ 30
連座制による立候補制限···································· 31

立候補の届出

立候補届出期間·· 32
立候補届出の主体·· 32
立候補届出に必要なもの···································· 33
供託金·· 34

第4章 選挙運動

禁止される行為など

選挙運動とは……………………………………………… 36
選挙運動期間……………………………………………… 36
事前運動の禁止…………………………………………… 37
選挙運動規制の類型……………………………………… 37
選挙事務関係者の選挙運動の禁止……………………… 38
特定公務員の選挙運動の禁止…………………………… 38
公務員等の地位利用による選挙運動の禁止…………… 39
公務員等の地位利用による選挙運動類似行為等の禁止… 39
教育者の地位利用による選挙運動の禁止……………… 41
年齢満18歳未満の者の選挙運動の禁止 ……………… 41
選挙犯罪者等の選挙運動の禁止………………………… 42
戸別訪問の禁止…………………………………………… 42
署名運動の禁止…………………………………………… 43
人気投票の公表の禁止…………………………………… 43
飲食物の提供の禁止……………………………………… 44
気勢を張る行為の禁止…………………………………… 44
連呼行為の禁止…………………………………………… 44
休憩所等の設置の禁止…………………………………… 45
文書図画の回覧行為の禁止……………………………… 45
アドバルーン、ネオン・サイン等の禁止……………… 46
禁止を免れる行為の禁止………………………………… 46

選挙運動手段

選挙事務所………………………………………………… 48
自動車・船舶・拡声機…………………………………… 51
選挙運動用通常葉書……………………………………… 53
選挙運動用ビラ…………………………………………… 54
パンフレット・書籍……………………………………… 56
新聞広告…………………………………………………… 57
選挙公報…………………………………………………… 58
インターネット（ウェブサイト等）…………………… 59
インターネット（電子メール）………………………… 61
選挙運動のための有料インターネット広告…………… 63
選挙運動用・個人演説会告知用ポスター……………… 64
個人演説会………………………………………………… 66
政見放送・経歴放送……………………………………… 69
街頭演説…………………………………………………… 70
特殊乗車券等……………………………………………… 72
「わたる」規定 ………………………………………… 73
その他……………………………………………………… 74

選挙運動費用

出納責任者………………………………………………… 77
法定選挙運動費用………………………………………… 79
弁当の提供………………………………………………… 80
実費弁償の支給…………………………………………… 82
報酬の支給………………………………………………… 83

目 次

第5章 選挙運動期間中の政治活動

確認団体の政治活動

規制を受ける政治活動……………………………………… 86
政談演説会……………………………………………………… 86
街頭政談演説…………………………………………………… 88
政治活動用自動車・拡声機………………………………… 89
ポスターの掲示………………………………………………… 90
立札・看板の類の掲示……………………………………… 91
ビラの頒布……………………………………………………… 92

その他の規制

政治活動用ポスターの撤去………………………………… 93
機関新聞紙・機関雑誌の発行……………………………… 93
推薦演説会の開催……………………………………………… 94

第6章 当選

当選人の決定など

当選人の決定…………………………………………………… 98
法定得票数……………………………………………………… 98
供託金の没収…………………………………………………… 99
選挙期日後の挨拶行為の制限……………………………… 99

当選人の失格など

被選挙権の喪失による当選人の失格…………………… 101
所属政党等の移動による当選人の失格………………… 101
兼職禁止の職にある当選人の失格……………………… 101
当選の無効…………………………………………………… 102
候補者等の違反行為による当選無効…………………… 102

第7章 寄附

寄附の禁止

候補者等の寄附の禁止……………………………………… 104
候補者等を名義人とする寄附の禁止…………………… 106
寄附の勧誘・要求の禁止…………………………………… 106
候補者等の関係会社等の寄附の禁止…………………… 107
候補者等の氏名を冠した団体の寄附の禁止………… 108
後援団体に関する寄附の禁止…………………………… 108
国等と特別の関係にある者の寄附の禁止…………… 109

寄附の制限(政治資金規正法)

個人の寄附の制限…………………………………………… 111
会社などの団体の寄附の制限…………………………… 112
政治団体間の寄附の制限………………………………… 112

第8章　連座制

連座制	連座制とは…………………………………………………	118
	連座制Ⅰ（総括主宰者・出納責任者・地域主宰者）…………	119
	連座制Ⅱ（親族・秘書・公務員等）…………………………	120
	連座制Ⅲ（組織的選挙運動管理者等）………………………	121

第9章　主な罰則一覧

買収罪等	普通買収罪（事前買収）………………………………………	128
	利害誘導罪……………………………………………………	128
	事後報酬供与罪（事後買収）…………………………………	129
	利益収受および要求罪…………………………………………	129
	買収目的交付罪………………………………………………	130
	買収周旋勧誘罪………………………………………………	130
	選挙事務関係者等の買収罪…………………………………	131
	候補者等の買収罪……………………………………………	131
	多数人買収罪・多数人利害誘導罪…………………………	132
	常習的買収罪…………………………………………………	132
	新聞紙・雑誌の不法利用罪…………………………………	133
	候補者や当選人に対する買収罪……………………………	134
	買収等によって得た利益の没収……………………………	134
おとり罪・寝返り罪	おとり罪………………………………………………………	135
	寝返り罪………………………………………………………	135
選挙妨害罪	選挙の自由妨害罪……………………………………………	136
	職権濫用による選挙の自由妨害罪…………………………	136
	多衆の選挙妨害罪……………………………………………	137
	虚偽事項公表罪………………………………………………	137
	政見放送・選挙公報の不法利用罪…………………………	138
	氏名等の虚偽表示罪…………………………………………	138
投票に関する罪	投票の秘密侵害罪……………………………………………	139
	投票干渉罪……………………………………………………	139
	投票箱開披・投票取出罪……………………………………	139
	選挙人の虚偽宣言罪…………………………………………	140
	詐偽投票罪……………………………………………………	140
	投票偽造・増減罪……………………………………………	140
	詐偽登録罪……………………………………………………	141
	代理投票における記載義務違反……………………………	141
選挙の平穏を害する罪	選挙事務関係者・施設等に対する暴行罪等………………	142
	凶器携帯罪……………………………………………………	142
	選挙犯罪のせん動罪…………………………………………	142

目　次

選挙報道・評論に関する罪	新聞紙・雑誌が選挙の公正を害する罪	143
	選挙放送などの制限違反	143
選挙運動等に関する罪	選挙運動の期間制限違反	144
	挨拶を目的とする有料広告の禁止違反	144
	立候補に関する虚偽宣誓罪	144
	選挙事務関係者の選挙運動の禁止違反	145
	特定公務員の選挙運動の禁止違反	145
	教育者の地位利用による選挙運動の禁止違反	145
	年齢満18歳未満の者の選挙運動の禁止違反	146
	選挙犯罪者等の選挙運動の禁止違反	146
	公務員等の地位利用による選挙運動の禁止違反	146
	戸別訪問の禁止違反	147
	署名運動の禁止違反	147
	人気投票の公表の禁止違反	147
	飲食物の提供の禁止違反	148
	気勢を張る行為の禁止違反	148
	連呼行為の禁止違反	148
	休憩所等の設置の禁止違反	149
	選挙事務所の制限違反	149
	自動車・船舶・拡声機の制限違反	150
	選挙運動用通常葉書の制限違反	150
	選挙運動用ビラ等の制限違反	151
	選挙運動用電子メール等の制限違反	151
	選挙運動のための有料インターネット広告の制限違反	152
	新聞広告の制限違反	152
	新聞紙・雑誌の報道評論の自由違反	152
	特殊乗車券の制限違反	152
	個人演説会・街頭演説の制限違反	153
	ポスター・立札・看板の類の制限違反	154
	アドバルーン、ネオン・サイン等の禁止違反	155
	禁止を免れる行為の禁止違反	155
	パンフレット・書籍の頒布違反	156
	選挙運動費用の法定額違反	156
	収入支出に関する規制違反	157
	推薦団体の選挙運動の規制違反	158
	選挙期日後の挨拶行為の制限違反	158
	選挙期間中の政治活動の規制違反　1	159
	選挙期間中の政治活動の規制違反　2	160

寄附の制限に関する罪

候補者等の寄附の禁止違反……………………………………… 161

候補者等を名義人とする寄附の禁止違反…………………… 161

候補者等の関係会社等の寄附の禁止違反…………………… 162

候補者等の氏名を冠した団体の寄附の禁止違反………………… 162

国等と特別の関係にある者の寄附の禁止違反……………… 162

後援団体に関する寄附の禁止違反…………………………… 163

寄附の勧誘・要求の禁止違反………………………………… 163

寄附の量的制限違反（政治資金規正法）…………………… 164

寄附の質的制限違反（政治資金規正法）…………………… 165

公民権停止

公職選挙法・政治資金規正法違反…………………………… 166

国外における選挙犯罪

国外犯として処罰することとされている罪………………… 167

目　次

図　表

選挙区選挙の各都道府県別定数……………………………………………… 11

政治活動と選挙運動の違い…………………………………………………… 16

禁止される主な行為…………………………………………………………… 17

禁止されない主な行為………………………………………………………… 17

会社の寄附の年間限度額……………………………………………………… 113

労働組合・職員団体の寄附の年間限度額………………………………… 114

その他の団体の寄附の年間限度額………………………………………… 115

政党・政治団体への政治資金の流れ……………………………………… 116

政治家個人への政治資金の流れ…………………………………………… 116

連座制判例Ⅰ：秘書の選挙犯罪による連座制…………………………… 123

連座制判例Ⅱ：組織的選挙運動管理者等の選挙犯罪による連座制…… 124

連座制判例Ⅲ：組織的選挙運動管理者等の選挙犯罪による連座制…… 125

連座制の対象者・要件・効果………………………………………………… 126

1

選挙の
しくみ

制度の基本

選挙制度

ポイント ▶ 全都道府県の区域を通じて行われる「比例代表選挙」と、各都道府県の区域を単位(鳥取県・島根県及び徳島県・高知県は2県の区域で1つの選挙区)として行われる「選挙区選挙」の2つの選挙によって、議員を選ぶ制度です。

比例代表選挙 ▶ 非拘束名簿式比例代表制(政党名投票に加えて、個人名投票を認めるとともに、政党その他の政治団体が候補者を届け出る際に提出する参議院名簿において、当選人となるべき順位をあらかじめ記載せず、政党等ごとに個人の得票数が多い順から順次に当選人を決める制度)を基本としつつ、政党その他の政治団体が特定枠(一部の候補者を区分して順位を付して名簿に記載し、当選人についてはそれらの候補者を上位として名簿記載の順位のとおりに決定される)を設けることができる制度です。

〔公職選挙法12条関係〕

定数

ポイント ▶ 総定数は248人、うち比例代表選出議員は100人、選挙区選出議員は148人です。

選挙区選挙 ▶ 各選挙区において選挙すべき議員の数は、右の図のとおりです。

〔公職選挙法4条・別表第3関係〕

▶ ただし、参議院選挙は3年ごとに半数が改選される制度であるため、1回の選挙で選出される定数は、比例代表選挙で50人、選挙区選挙で74人、計124人となります。

〔憲法46条、公職選挙法4条関係〕

選挙区選挙の各都道府県別定数

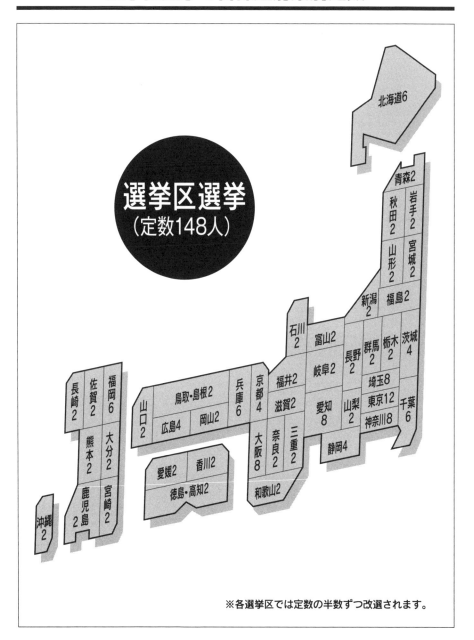

選挙区選挙
（定数148人）

北海道6

青森2
秋田2　岩手2
山形2　宮城2
新潟2　福島2
石川2　富山2
岐阜2　長野2　群馬2　栃木2　茨城4
福井2　　　　　　　埼玉8
滋賀2　愛知8　山梨2　東京12　千葉6
　　　　　　　　　　神奈川8
鳥取・島根2　兵庫6　京都4
広島4　岡山2
山口2
大阪8　奈良2　三重2
　　　　　静岡4
長崎2　佐賀2　福岡6
熊本2　大分2
愛媛2　香川2
徳島・高知2
和歌山2
鹿児島2　宮崎2
沖縄2

※各選挙区では定数の半数ずつ改選されます。

通常選挙

ポイント

▶ 通常選挙とは、参議院議員の任期満了に伴い改選される選挙をいいます。比例代表選挙と選挙区選挙が同一期日に行われます。

〔公職選挙法32条関係〕

▶ 通常選挙は、議員の任期満了日の前30日以内に行われます。ただし、通常選挙を行うべき期間が参議院開会中または参議院閉会の日から23日以内にかかる場合には、参議院閉会の日から24日以後30日以内に行われます。

〔公職選挙法32条関係〕

▶ 選出された議員の任期は、前議員の任期満了の日の翌日から起算されます。通常選挙が前議員の任期満了の日の翌日以降に行われたときは、通常選挙の期日から起算されます。いずれも任期は6年間です。

〔憲法46条、公職選挙法257条関係〕

再選挙

ポイント

▶ 選挙期日後に、当選人が議員の身分を取得する前に死亡・失権した場合などには、繰上補充によって当選人が決定します。それでも所要の当選人が得られない場合には、再選挙が行われます。再選挙を行うこととなる事由には、次のようなものがあります。
　①立候補者数の不足
　②法定得票数以上の得票者の不足
　③当選人が公職の身分を取得するまでの間に死亡したり、被選挙権を喪失した場合など
　④選挙争訟または選挙犯罪による当選無効のように、一定の争訟手続を経て当選人の身分が失われる場合など

〔公職選挙法109条、110条関係〕

12

▶ ①および②の事由による場合、並びに④のうち選挙争訟により
議員定数に達しなかった場合の再選挙は、事由が生じた日（選
挙争訟による場合は裁判所からの通知を受けた日）から40日以
内に、その他の再選挙は、原則として9月16日から翌年の3月
15日まで（第1期間）に事由が生じた場合はその直後の4月の
第4日曜日に、3月16日から9月15日まで（第2期間）に生じ
た場合はその直後の10月の第4日曜日に行われます。

〔公職選挙法33条の2関係〕

補欠選挙

ポイント ▶ すでに行われた選挙の当選人が議員の身分を取得した後に死
亡・退職した場合などには、繰上補充によって欠員が補充がさ
れます。それでもなお議員の欠員数が次のように定数の4分の
1を超えている場合には、補欠選挙が行われます。

選挙区選挙 ▶ 在任期間を同じくするものについて、東京都、神奈川県、大阪
府では2人以上の欠員が生じたとき。愛知県では平成28年参議
院選挙に係る補欠選挙から、埼玉県では令和元年参議院選挙に
係る補欠選挙から2人以上の欠員が生じたとき。その他の道府
県では1人でも欠員が生じたとき。

比例代表選挙 ▶ 在任期間を同じくするものについて、議員の欠員数が13人以上
に達したとき。

〔公職選挙法113条関係〕

▶ 補欠選挙は、原則として、9月16日から翌年の3月15日まで（第
1期間）に欠員が生じた場合はその直後の4月の第4日曜日に、
3月16日から9月15日まで（第2期間）に生じた場合はその直
後の10月の第4日曜日に行われます。

▶ 当該議員の任期（在任期間を同じくする者の任期）が終わる日
の6ヵ月前の日が属する第1期間または第2期間の初日以後に
欠員が生じたときには、補欠選挙は行われません。

〔公職選挙法33条の2関係〕

ポイント ▶ 補欠選挙の当選人の任期は、前任者の残任期間のみです。
〔公職選挙法260条関係〕

ケース解説 ▶ **議員が欠けた場合の繰上補充はどのように行われるか**
比例代表選出議員の欠員が生じた場合は、参議院名簿登載者の中から得票数の次点者が繰上当選となります。選挙区選出議員の場合は、選挙期日後3ヵ月以内に欠員が生じたときは法定得票数に達している得票数の次点者が、選挙期日後3ヵ月以後に生じたときは当初の選挙会において得票数が同点のためくじによって落選した者が繰上当選となります。
〔公職選挙法112条関係〕

▶ **再選挙と補欠選挙はどう違うか**
ふたつとも議員の「不足」を補うという点では同じですが、再選挙は「当選人の不足」を補う選挙であるのに対し、補欠選挙は「議員の不足」を補う選挙であり、「不足」がいつ発生したか等によって呼称が違ってきます。

▶ **便乗選挙とは何か**
再選挙や補欠選挙は、当選人や議員の不足が生じても、それが一定数に達しなければ行われません。このような状態にあるときに、当該選挙区を含む区域において、当該選挙と関係の深い他の選挙が行われるときは、これに便乗して、本来なら行われないはずの再選挙および補欠選挙が行われます。これを便乗選挙といいます。

2

立候補するまで

立候補前の活動

政治活動と選挙運動の違い

一般的に政治活動と呼ばれる活動の中には特定の候補者を当選させるために行う選挙運動に該当する活動も含まれる場合が多く見受けられます。

そこで、公職選挙法では、政治活動と選挙運動を明確に区別するために、政治活動を「政治上の目的をもって行われるすべての行為から、選挙運動に該当する行為を除いた一切の行為」と解しています。

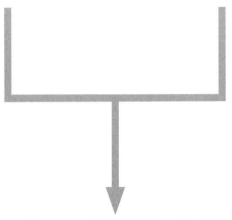

したがって、<u>政治活動のうち選挙運動に該当する政治活動は、公職選挙法では政治活動としてではなく、選挙運動としての規制をうけることになります。</u>

禁止される主な行為

事前運動

立候補届出前の選挙運動をいいます。選挙運動とは、特定の選挙において、特定の候補者を当選させるために、直接または間接に働きかける行為をいいます。

事前ポスター

選挙運動に該当しない政治活動のためのポスターでも、立候補予定者の氏名等が表示されているものは、選挙の前一定期間は事前ポスターとして掲示が禁止されています。立札や看板の掲示についても制限されています。

禁止されない主な行為

政治活動

政治上の主義や施策を推進・支持したり、公職の候補者を推薦・支持することなどを目的として行う活動のうち、選挙運動に当たらないものをいいます（一定期間内に掲示する事前ポスターなどを除く）。

立候補準備行為

立候補予定者が選挙区内の人の支持をあらかじめ調査する行為（瀬踏行為）、政党の公認を求める行為、推薦会の開催行為などをいいます。

選挙運動準備行為

選挙運動費用の調達、選挙運動員の任務の割り振り、選挙事務所や個人演説会場の借入れの内交渉、看板の作成やポスターの印刷などをいいます。

社交的行為

年賀や暑中見舞など、通常の時期に通常の方法で行われる社交的な行為をいいます（候補者が選挙区内の人に挨拶状を出すことは答礼のための自筆によるもの以外は禁止されています）。

禁止される行為

事前運動の禁止

ポイント

罰則▶P144

▶ 立候補の届出前に選挙運動をする（事前運動をする）ことは禁止されています。詳細は第4章選挙運動をご覧ください。

〔公職選挙法129条関係〕

政治活動用ポスター掲示の禁止

ポイント

罰則▶P154

▶ 候補者・立候補予定者・公職にある者（以下「候補者等」といいます。）およびこれらの者の後援団体の政治活動に使用するポスターで、当該候補者等の氏名もしくは氏名類推事項または後援団体の名称を表示したものは、次のとおり掲示が規制されます。

▶ 通常選挙については、任期満了の日の6ヵ月前の日から選挙期日までの間、統一対象再選挙および同補欠選挙については、選挙を行うべき事由が生じた旨の告示日の翌日または当該選挙を行うべき期日の6ヵ月前の日のいずれか遅い日から選挙期日までの間、統一されない再選挙および統一対象のうち例外的に通常選挙または参議院議員の統一されない再選挙と同時に行われるものについては、選挙を行うべき事由が生じた旨の告示日の翌日から選挙期日までの間は、当該選挙区内に掲示することは禁止されます。

▶ 掲示禁止期間外に掲示する場合にあっては、ポスターの表面に掲示責任者および印刷者の氏名（法人にあっては名称）および住所を記載しなければなりません。

〔公職選挙法143条関係〕

ケース解説

▶ **政党の政治活動用ポスターは規制の対象外か**
政党の政治活動用ポスターは、この規制の対象外ですが、政党の政治活動を名目とするものであっても、実質的に候補者等や後援団体の政治活動用ポスターと認められるものについては、この規制の対象となります。

裏打ちポスターの禁止

ポイント

罰則▶P154

▶ 候補者等およびこれらの者の後援団体が政治活動に使用するポスターで、当該候補者等の氏名もしくは氏名類推事項または後援団体の名称を表示したものは、当該ポスターを掲示するためにベニヤ板、プラスチック板その他これらに類するものを用いること（いわゆる裏打ち）はできません。

〔公職選挙法143条関係〕

ケース解説

▶ **政党掲示板に貼るのも裏打ちか**

政党が設置している掲示板など既存の工作物に掲示することは、一般的には裏打ちには当たりませんが、これらのポスターを掲示することを主たる目的として当該掲示板が設置されたものであったり、これらのポスターを掲示することが常態化しているような場合は裏打ちに当たります。

候補者等による時候の挨拶状の禁止

ポイント

▶ 候補者等が、選挙区内にある者に対し、年賀状、暑中見舞状、年賀電報などの時候の挨拶状を出すことは、時期にかかわらず常に禁止されます。

ただし、答礼を目的とした本人自筆のもの、および時候の挨拶以外の祝電や弔電は禁止されていません。

〔公職選挙法147条の2関係〕

ケース解説

▶ **署名のみ自筆のものは認められるか**

自筆とは候補者等本人の肉筆をいい、署名のみ自筆のもの、石版や複写などで複製したもの、口述して他人に代筆させたものなどは認められません。

挨拶を目的とする有料広告の禁止

罰則▶P144

ポイント ▶ 候補者等および後援団体は、選挙区内にある者に対し、主として年賀・暑中見舞・慶弔・激励・感謝などの挨拶を目的とする広告を有料で、新聞やビラ、パンフレット、インターネット等で頒布したり、テレビやラジオを通じて放送することは、選挙期間中・選挙期間前後にかかわらず常に禁止されます。

また、いかなる者も、これらの者に対して有料広告の掲載や放送を求めてはいけません。

〔公職選挙法152条関係〕

ケース解説 ▶ **死亡広告を新聞に掲載することはどうか**

候補者等が肉親の訃報を有料で新聞に掲載することは、それが死亡のお知らせにとどまるものであれば差し支えありませんが、あわせて生前の御礼や会葬の御礼などを掲載する場合は、御礼が主たる目的と認められる場合は違法となります。

禁止されない行為

選挙期間前の政治活動

ポイント ▶ 選挙運動に該当しない純然たる政治活動は、選挙運動期間中でなければ原則としてほとんど制限されません。

ケース解説 ▶ **政治活動とはどのようなものか**
政治家や政党その他の政治団体などが、その政策の普及や宣伝、党勢の拡張、政治啓発などを行うことであり、特定の候補者を当選させるための行為（選挙運動）は含まれません。

▶ **隣近所や職場の人に後援会への加入を勧めてもよいか**
後援会活動は政治活動であるため、特定の人の政治的な活動を支援するために後援会をつくったり、その後援会への加入を勧めても問題ありません。
ただし、選挙が間近に迫った場合などには、投票依頼などの選挙運動とみなされないように注意しなければなりません。

▶ **後援会加入勧誘文書などで選挙運動とみなされる場合**
後援会への加入を呼びかける文書や、後援会の開催を通知する文書については、投票依頼の文言がなく、かつ、配る方法や時期が社会通念に照らして妥当なものである限り選挙運動とはみなされず、禁止されません。
ただし、次のような加入勧誘文書は、直接投票依頼の文言がなくても選挙運動とみなされることがあります。
①立候補予定者の氏名をことさら大きく書き、その略歴や顔写真を掲げて、「政治家として大成させていただきたい」などの記載がある加入勧誘文書
②後援会事務所の住所や連絡先が記載されていない加入勧誘文書
③後援会の会員以外の者に対して配られる後援会総会等の開催通知書

▶ **会社推薦の候補者名を社内報などで通知してもよいか**
会社などで社長や役員が社員を集めて発議し、推薦を決定することは通常の政治活動として認められます。推薦を決定した候補者名を、社内の掲示板に掲載したり、社内報で社内に通知することは、従来より掲示板や社内報で連絡事項などを通知することが通常の方法であれば認められます。

政治活動用立札・看板などの制限

ポイント

罰則▶P154

▶ 候補者等およびこれらの者の後援団体が政治活動に使用する立
　札・看板などで、当該候補者等の氏名もしくは氏名類推事項ま
　たは後援団体の名称を表示したものについては、次のような制
　限があります。
① 1つの政治活動用事務所ごとにその場所において2枚以内
② 下の表に掲げる総数の範囲内
③ 大きさは、縦150cm×横40cm以内
④ 中央選挙管理会または都道府県の選挙管理委員会（合同選挙
　　区（鳥取県及び島根県選挙区、徳島県及び高知県選挙区。以
　　下同じ）は参議院合同選挙区選挙管理員会）が交付する証票
　　が表示されていること

選挙の種類	候補者等の制限総数	後援団体の制限総数
選挙区選挙	$12+2\times\left(\dfrac{y-2}{2}\right)=n$枚	$18+3\times\left(\dfrac{y-2}{2}\right)=m$枚
比例代表選挙	100枚（各都道府県ごとにn枚以下）	150枚（各都道府県ごとにm枚以下）

＊ yとは、当該都道府県の衆議院選挙の小選挙区の数
＊ 計算式におけるかっこ内は小数点以下端数切り捨て
＊ 合同選挙区は、候補者等の制限総数24枚、後援団体の制限総数36枚

〔公職選挙法143条関係〕

ケース解説

▶ **例えば京都府で掲示できる立札・看板の類の総数は**
　京都府は衆議院選挙の小選挙区の数が6なので、選挙区選挙で
　候補者等が掲示できる総数は、12＋2×2＝16枚。後援団体は
　18＋3×2＝24枚となります。比例代表選挙においてもその数
　は同じです。

▶ **支援者の自宅に事務所である旨の看板を掲示してもらうことは
　できるか**
　当該支援者の自宅が政治活動用事務所としての実態を有してい

ない場合は、掲示することはできません。

演説会等の開催中に使用される文書図画

ポイント ▶ 候補者等およびこれらの者の後援団体が政治活動に使用する文書図画で、当該候補者等の氏名もしくは氏名類推事項または後援団体の名称を表示したものは、政治活動のための演説会、講演会、研修会その他これらに類する集会の会場において、その開催中に使用されるものは、選挙運動にわたるものでなければ制限はありません。

〔公職選挙法143条関係〕

社交的行為

ポイント ▶ 候補者等が社会的に認められている社交（たとえば友人との会食や謝礼の挨拶状の発送など）を行うことは、投票を獲得しようとするものでない限り認められます。
ただし、社交的行為ではあっても、選挙区内にある者に対して年賀状や暑中見舞状などの時候の挨拶状を出すことは、答礼のための自筆のものを除いて禁止されています。祝儀や餞別を渡してもいけません。

立候補の準備行為

ポイント ▶ 立候補しようとする人が、選挙区内にある者の支持の状況をあらかじめ調査したり（瀬踏行為）、政党などの公認を求めたり、後援団体などが候補者選考会や推薦会を開催することは、立候補するための準備行為として認められています。

候補者の選考会・推薦会

ポイント ▶ 政党その他の政治団体や労働組合、あるいは単なる有権者が集まって特定の候補者の推薦を決定することは、立候補の準備行為として認められています。推薦された人がこれを受けて、立候補を決意することも問題ありません。

ただし、次のような場合には一般に選挙運動とみなされ、事前運動に該当するおそれがあります。

①選考会や推薦会に集まったそれぞれの人たちが、まったくの白紙の状態から相談して候補者の推薦を決めたのではなく、あらかじめ候補者が内定しており、会合の名を借りて形式的に決定した場合

②選考会の後、単にその結果を構成員に通知するにとどまらず、構成員以外の外部の者にそれを通知した場合

③選考会や推薦会を開催するために、多くの仲間たちを戸別訪問し、それが特定の人の当選をあっ旋する行為と認められる場合

立候補のための瀬踏行為

ポイント ▶ 立候補しようとする人にとって有権者の支持状況を知ることは、立候補を決意する上できわめて重要です。そこで、立候補を決意するためにあらかじめ有権者の支持状況を調査する行為を「瀬踏行為」と呼び、立候補の準備行為として認められています。瀬踏行為には次のようなものがあります。

①有力者などを通じての打診と世論調査

　地域や政党などの有力者と会って有権者の意識や選挙情勢の話を聞いたり、意見の交換をすること。あるいは、選挙区内の有権者を対象に意識調査などの世論調査を行い、自分がどれくらい有権者の支持を受けられるのか、どんな政策が望まれているのかなどを知ること

②演説会や座談会の開催

　多くの有権者の反響を直接みるために、議会報告演説会（現職の議員の場合）、時局演説会、政策発表演説会、座談会などを開催すること

▶ ただし、選挙区の情勢を聞く場合や演説会・座談会を開催する場合でも、投票を獲得するために行われるならば選挙運動となり、事前運動の禁止に当たります。また、世論調査などの場合にも、投票の依頼を暗示するものは選挙運動となり、事前運動の禁止に当たります。

政党の公認や団体の推薦を得る行為

ポイント ▶ 政党の公認を求めたり、各種の友好団体の推薦を得られるかどうかの意向を打診することは、立候補の準備行為として認められています。また、特定の個人に対して推薦人になってもらうよう依頼することも、立候補の準備行為として認められています。

ケース解説 ▶ **推薦を受けた後に謝意を表すためにその団体を訪ねてもよいか**
立候補予定者が会社などの団体から推薦を受けた場合、謝意を表すためにその団体を訪問してもかまいません。
ただし、投票を依頼すれば事前運動の禁止に当たります。

選挙運動の準備行為

ポイント ▶ 立候補の届出日以前の選挙運動は禁止されていますが、次のようなものは選挙運動とは区別されており、事前の準備行為として認められています。
　①推薦を依頼するための内交渉
　②選挙事務所や個人演説会場などの借入れの内交渉
　③選挙演説を依頼するための内交渉
　④自動車・船舶・拡声機の借入れの内交渉
　⑤出納責任者・選挙運動員・労務者となることの内交渉
　⑥選挙運動員たちの任務の割り振り
　⑦選挙運動用のポスター・立札・看板などの作成、印刷
　⑧選挙運動用葉書の宛名書き、印刷
　⑨選挙公報・政見放送の文案の作成
　⑩選挙運動費用の調達

ケース解説 ▶ **立候補を決意した旨の葉書を不特定多数に出してもよいか**

不特定多数の人に出せば、事前の準備行為ではなく、選挙運動に当たります。また、地域の有力者などの限られた人に対する通知でも、その文面や通知先の数などから選挙運動とみなされる場合があります。

▶ **選挙運動員の募集のために選挙区内の人を戸別訪問してよいか**

選挙運動員になるための内交渉は認められますが、それを口実にして戸別に選挙区内の人を訪問し、選挙運動をした場合は、公職選挙法違反となります。

▶ **立候補を決意した会社社長が自社広告に名前を掲載してよいか**

例えば自社の営業広告に名を借りて、社長○○○○と新聞に掲載した場合、ことさらに氏名が強調されているようであれば、一般的には選挙運動とみなされ、事前運動として禁止されます。

3

立候補

立候補の条件

被選挙権

ポイント

▶ 満30歳以上の日本国民が立候補できます。

▶ 上記の要件を満たしても、次の者は立候補できません（欠格事項）。
　①禁錮以上の刑に処せられその執行を終わるまでの者
　②禁錮以上の刑に処せられその執行を受けることがなくなるまでの者（刑の執行猶予中の者を除く）
　③公職にある間に犯した収賄罪等により刑に処せられ、実刑期間経過後10年間を経過しない者または刑の執行猶予中の者
　④法律で定めるところにより行われる選挙、投票および国民審査に関する犯罪により禁錮以上の刑に処せられその執行猶予中の者
　⑤公職選挙法に定める選挙に関する犯罪により、選挙権および被選挙権が停止されている者
　⑥政治資金規正法に定める犯罪により、選挙権および被選挙権が停止されている者
〔公職選挙法10条・11条・11条の2・86条の8・252条、政治資金規正法28条関係〕

ケース解説

▶ **立候補の時点で満30歳に達していなくても立候補できるか**
年齢は選挙期日（投票日）により算定されます。したがって、投票日までに満30歳に達するのであれば立候補できます。

▶ **法律で定めるところにより行われる選挙・投票・国民審査とは（上記④）**
国会議員や地方公共団体の議会議員・長の選挙（公職選挙法）、土地改良区の役員・総代の選挙（土地改良法）、水害予防組合の組合会議員の選挙（水防法）、土地区画整理審議会の委員の選挙（土地区画整理法）、憲法改正のための国民投票、一の地方公共団体のみに適用される特別法制定のための投票、地方自治法に基づく直接請求に係る投票、最高裁判所裁判官国民審査などです。なお、「選挙権」(P42参照)においても同様です。

重複立候補等の禁止

ポイント ▶ ひとつの選挙において公職の候補者になった者は、同時に他の選挙（選挙の種類は問わない）における公職の候補者になることはできません（衆議院議員選挙における重複立候補の場合を除きます）。つまり、ある選挙において立候補届を受理された者は、その選挙期日が過ぎるまでは、他の選挙に立候補することはできません。

〔公職選挙法87条関係〕

選挙区選出議員たることを辞した者等の立候補制限

ポイント ▶ 参議院選挙区選出議員たることを辞し、または辞したものとみなされた者は、自身が欠員となったことにより行われる補欠選挙には立候補できません（通常選挙と合併して行われる場合を除きます。）。

〔公職選挙法87条の2関係〕

ケース解説 ▶ **どのような場合が該当するか**
例えば、選挙区選出議員が知事選挙に立候補するために辞職し、その知事選挙で当選人とならなかった場合に、自らの辞職が原因として行われる参議院選挙区選出議員の補欠選挙へ立候補しようとしても、立候補できないことになります。

選挙事務関係者の立候補制限

ポイント ▶ 投票管理者、開票管理者、選挙長、選挙分会長は、在職中はその関係区域（投票区、開票区、都道府県など）を包含する選挙区から立候補することはできません。

〔公職選挙法88条関係〕

公務員等の立候補制限

ポイント ▶ 公務員等（行政執行法人または特定地方独立行政法人の役職員を含む。以下同じ）は、原則として在職中は立候補できません。したがって、立候補すると自動的に公務員を辞職したものとみなされます。ただし、参議院議員が在職中に通常選挙に立候補しても、そのことをもって直ちに公職を失うことはありません。

〔公職選挙法89条、90条関係〕

▶ 次の公務員は、在職中に立候補しても公務員を辞職したとはみなされず、そのまま在職できます。

①内閣総理大臣、国務大臣、内閣官房副長官、内閣総理大臣補佐官、副大臣、大臣政務官、大臣補佐官

②いわゆる単純労務に従事する地方公務員（技術者・監督者・行政事務を担当する者を除く）

③予備自衛官、即応予備自衛官、予備自衛官補

④臨時・非常勤の公務員（国家公務員法または、国会職員法等に規定する短時間勤務の官職または短時間勤務の職を占める者を除く。）で、委員長、委員（一部の委員会を除く。）、顧問、参与、会長、副会長、会員、評議員、専門調査員、審査員、報告員、観測員の名称を有する職にある者および統計調査員、仲介員、保護司、参与員の職にある者

⑤臨時・非常勤の地方公共団体の嘱託員

⑥消防団長・団員、水防団長・団員（いずれも常勤の者を除く。）

⑦地方公営企業に従事する職員または特定地方独立行政法人の職員（主たる事務所における課長以上相当職にある者を除く。）

〔公職選挙法89条関係〕

ケース解説 ▶ **教育委員会や人事委員会の委員は在職のまま立候補できるか**

できません。この他、農業委員会、収用委員会など、一部の委員会の委員長や委員については、立候補と同時に公職が失われます。

▶ **市政連絡員や地区駐在員は在職のまま立候補できるか**

臨時または非常勤の嘱託員であれば、在職のまま立候補できます。この他、公民館長、公民館の職員、学校医、学校歯科医、講師、市の条例で定められた衛生班長などについても、任務が嘱託形式であれば嘱託員（非常勤）となり、在職のまま立候補できます。

連座制による立候補制限

ポイント ▶ 候補者等と一定の関係にある者が買収等の悪質な選挙犯罪を犯し、刑に処せられたことにより連座制が適用された場合には、連座裁判確定等の時から5年間、同じ選挙で同じ選挙区からの立候補が禁止されることがあります。詳しくは、P118～P126を参照してください。

〔公職選挙法251条の2、251条の3関係〕

▶ 比例代表選挙においては、名簿登載者（特定枠の名簿登載者を除く。）のために行う選挙運動に限り、適用があります。

立候補の届出

立候補届出期間

ポイント ▶ 立候補の届出期間は、選挙期日の公示の日（1日間）だけであり、届出時間は、午前8時30分から午後5時までです。日曜・祝日でも届出ができますが、届出時間を過ぎると受理されません。

〔公職選挙法86条の3、86条の4関係〕

立候補届出の主体

ポイント ▶ 比例代表選挙においては一定の要件を満たす政党等のみが、選挙区選挙においては候補者本人またはその推薦人が立候補の届出を行うことができます。

選挙区選挙 ▶ 候補者となろうとする者が自ら届け出る方法（本人届出）と、当該選挙区内の選挙人名簿に登録されている者が候補者の承諾を得て届け出る方法（推薦届出）の2種類があります。

比例代表選挙 ▶ 次のいずれかの要件を満たす政党その他の政治団体に限り、参議院名簿を届け出ることにより、その名簿に記載されている者（以下「名簿登載者」といいます）を候補者とすることができます。
①国会議員が5人以上所属していること。
②直近の衆議院議員総選挙における小選挙区選挙もしくは比例代表選挙または参議院議員通常選挙における比例代表選挙もしくは選挙区選挙において、得票率が全国を通じて2％以上であること。
③当該参議院議員の選挙において、候補者（名簿登載者および選挙区選挙候補者）を10人以上有すること。
※以下、参議院名簿の届出を行った政党等を「名簿届出政党等」といいます。

▶ 参議院名簿の登載者数は、当該選挙において選挙すべき議員の数を超えることはできません。

〔公職選挙法86条の3、86条の4関係〕

立候補届出に必要なもの

罰則▶P144

ポイント ▶ 比例代表選挙で候補者を届け出る際は参議院名簿と添付書類が、選挙区選挙の場合は候補者届出書と添付書類が必要となります。

選挙区選挙 ▶ 候補者届出書には、候補者となるべき者の氏名、本籍、住所、生年月日、職業、所属する政党等の名称、兼職禁止の職にある者はその職名を記載するとともに、届け出る際には次のものを添付しなければなりません。

①候補者となることができない者でないことを候補者本人が誓う旨の宣誓書
②所属党派証明書（無所属の者は不要）
③供託証明書
④候補者となるべき者の戸籍の謄本または抄本
⑤通称認定申請書および通称の説明資料(通称使用を希望する場合のみ)

▶ 推薦届出の場合は、候補者届出書にさらに推薦届出者の氏名、住所、生年月日を記載し、次のものを添付しなければなりません。

⑥候補者となるべき者の承諾書
⑦推薦届出者が選挙人名簿に登録されている旨の証明書

比例代表選挙 ▶ 参議院名簿には、当該政党等の名称または略称、所属する者（推薦する者を含む）の氏名（特定枠の名簿登載者については、氏名及び当選人となるべき順位）を記載するとともに、届け出る際には次のものを添付しなければなりません。

①政党等の名称、本部の所在地、代表者の氏名、名簿登載者の氏名・本籍・住所・生年月日・職業、所属または推薦の別などを記載した文書（政党その他の政治団体および参議院名簿登載者に関する調書）
②政党等の綱領、党則、規約、その他これらに相当するものを記載した文書（名称届出政党は不要）
③前述した政党等の要件のいずれかに該当することを証する文書（名称届出政党が前頁の要件②に該当する場合は不要）
④名簿を重複して届け出ていないことを政党等の代表者が誓う旨の宣誓書

⑤名簿登載者になることについての本人の同意書
⑥公職の候補者となることができない者でないことを名簿登載者本人が誓う旨の宣誓書
⑦名簿登載者の選定（特定枠の名簿登載者の選定及び当選人となるべき順位の決定を含む）機関の名称、その構成員の選出方法および名簿登載者の選定の手続を記載した文書、当該名簿登載者の選定を適正に行ったことを当該選定機関の代表者が誓う旨の宣誓書
⑧供託証明書
⑨名簿登載者の戸籍の謄本または抄本
⑩通称認定申請書および通称の説明資料（通称使用を希望する場合のみ）

〔公職選挙法86条の3、86条の4関係〕

供託金

ポイント ▶ 候補者の届出をしようとする者は、候補者1人につき一定額の現金（国債証書、振替国債も可）をあらかじめ供託しなければなりません。

選挙区選挙 ▶ 候補者1人当たり 300万円
比例代表選挙 ▶ 参議院名簿登載者1人当たり 600万円

▶ 供託することができるのは、選挙区選挙においては、本人届出の場合は候補者本人、推薦届出の場合は推薦届出者、比例代表選挙においては参議院名簿届出政党等です。その他の第三者が供託しても効力はありません。 〔公職選挙法92条関係〕

▶ 選挙区選挙においては一定の得票数に、比例代表選挙においては一定の当選人数に達しなかった場合に、供託金は没収されます(P99参照)。また、供託金を納めた後で候補者が立候補を辞退したり、立候補の届出を取り下げたり、選挙長から立候補の届出を却下された場合にも、供託金は没収されます。

〔公職選挙法93条、94条関係〕

4

選挙運動

禁止される行為など

選挙運動とは

ポイント ▶ 選挙運動とはどのようなものか
選挙運動とは、特定の候補者を当選させるために、選挙人にはたらきかける行為をいいます。「○○さんに投票してください」というような明瞭な行為だけでなく、単に特定の候補者の名前を選挙人に知らせるだけでも、当選を目的とした行為であれば選挙運動に当たります。

〔公職選挙法13章関係〕

ケース解説 ▶ **特定の候補者に投票しないよう選挙人にはたらきかけることは選挙運動か**
単に特定の候補者を当選させないために行う限りは選挙運動にはなりませんが、その行為が他の候補者を当選させることを目的とする場合は、選挙運動になります。

選挙運動期間

ポイント ▶ 選挙運動ができる期間は、17日間です。

▶ 原則として、立候補届出の日（立候補の届出が受理されたとき）から投票日の前日まで選挙運動ができます。
ただし、次のことは投票日当日でも認められます。
①投票所、共通投票所を設けた場所の入口から300m以外の区域に選挙事務所を設置すること
②①に伴って、選挙事務所を表示するための、ポスター、立札・看板の類を合計3つ以内およびちょうちんの類を1つに限り掲示すること
③選挙運動期間中に掲示した選挙運動用ポスターおよび個人演説会告知用ポスターを、そのまま掲示しておくこと
④選挙運動期間中に頒布された選挙運動用ウェブサイト等をそのままにしておくこと

〔公職選挙法129条、132条、142条の3、143条関係〕

事前運動の禁止

ポイント ▶ 立候補の届出が受理される前の選挙運動は、事前運動として禁止されています。

罰則▶P144

▶ ただし、公認や推薦を求める行為、選挙事務所の借入れ・労務者の雇入れ・演説会場の借入れなどの内交渉、ポスター・ビラの作成などを選挙運動期間前にあらかじめ行うことは準備行為として許されます。

〔公職選挙法129条関係〕

ケース解説 ▶ **立候補予定者に立候補をやめるようはたらきかけてもよいか**
直ちに選挙運動とはみなされませんが、特定の候補者を当選させることを目的として他の者の立候補をやめさせようとする場合は、選挙運動とみなされ、事前運動として禁止されます。

▶ **労働組合が特定の者の推薦を決議してもよいか**
単なる推薦決議にとどまる場合は選挙運動にはなりませんが、推薦を決議した特定の候補者名を組合員以外の者に葉書や新聞などで告知したり、投票を依頼した場合には選挙運動に当たり、事前運動の禁止に違反します。これは労働組合だけでなく、業者団体などの場合でも同じです。

選挙運動規制の類型

ポイント ▶ 選挙運動の規制には、運動期間の制限のほかに、選挙運動の主体の制限と、選挙運動の手段の制限（戸別訪問や署名運動の禁止など）とがあります。

選挙事務関係者の選挙運動の禁止

ポイント

罰則▶P145

▶ 投票管理者、開票管理者、選挙長、選挙分会長は、在職中はその関係区域内で選挙運動をすることができません。不在者投票管理者は、通常の選挙運動を行うことは禁止されていませんが、不在者投票に関し、その業務上の地位を利用して選挙運動をしてはいけません（例えば、不在者投票管理者たる病院長が、特定の候補者の支援を約束した入院患者に対し、医療上の便宜を図ることを約束することなどはこれに当たります）。

〔公職選挙法135条関係〕

特定公務員の選挙運動の禁止

ポイント

罰則▶P145

▶ 次の公務員は、在職中、選挙運動をすることができません。
①中央選挙管理会の委員およびその庶務に従事する総務省の職員
②選挙管理委員会の委員・職員および参議院合同選挙区選挙管理委員会の職員
③裁判官
④検察官
⑤会計検査官
⑥公安委員会の委員
⑦警察官
⑧収税官吏・徴税吏員

〔公職選挙法136条関係〕

公務員等の地位利用による選挙運動の禁止

ポイント

罰則▶P146

▶ 次の者は、その地位を利用して選挙運動をすることができません。
　①国または地方公共団体の公務員
　②行政執行法人または特定地方独立行政法人の役員・職員
　③沖縄振興開発金融公庫の役員・職員

〔公職選挙法136条の2関係〕

ケース解説

▶「その地位を利用して」とはどのような場合か
　職務上の影響力または便益を用いて第三者にはたらきかけることをいい、例えば次のような場合がこれに当たります。
- 補助金の交付や事業の許認可などの職務権限をもつ公務員が、請負業者などに対し、その影響力を利用すること
- 公務員の内部関係において、上司が部下に対し、指揮命令権や人事権などを利用して特定候補者への投票を勧誘すること

公務員等の地位利用による選挙運動類似行為等の禁止

ポイント

罰則▶P146

▶ 次の者は、その地位を利用して選挙運動類似行為等をしてはいけません。
　①国または地方公共団体の公務員
　②行政執行法人または特定地方独立行政法人の役員・職員
　③沖縄振興開発金融公庫の役員・職員

▶ 立候補準備や選挙運動準備行為などは、本来は選挙運動に該当しないとされている行為ですが、上記の公務員などが特定の候補者を推薦・支持もしくはこれに反対するために、または自分が候補者として推薦・支持されるために行う場合は、地位利用による選挙運動類似行為とみなされ、禁止されています。

▶ 公務員等の地位利用による選挙運動類似行為の例

①その地位を利用して、候補者の推薦に関与したり、特定の候補者を推薦するよう他人にはたらきかけたりすること（例えば、職務上影響力のある団体に対し、特定の候補者を推薦決議するよう干渉すること）

②その地位を利用して、投票の周旋勧誘や演説会の開催その他の選挙運動の企画に関与し、その企画の実施を指示・指導したりすること（例えば、職務上関係のある出先機関や市町村の職員などに対し、何票獲得せよといった投票の割当てを指示すること）

③その地位を利用して、後援団体を結成したり、結成の準備に関与したり、特定の後援団体に加入するよう他人を勧誘したりすること（例えば、外郭団体に対し、特定の候補者の後援会に参加するよう要請すること）

④その地位を利用して、新聞や雑誌などの刊行物を発行したり、その他文書図画を掲示・配布したり、それらを発行・掲示・配布するよう他人にはたらきかけたりすること（例えば、外郭団体の新聞に特定の候補者についての記事を掲載するよう指示すること）

⑤特定の候補者を推薦・支持すると約束した人などに対し、その代償として、職務上の利益を与えたりすること（例えば、特定候補者の支持を申し出てきた市町村長に対し、その代償として補助金を増額交付すること）

〔公職選挙法136条の2関係〕

教育者の地位利用による選挙運動の禁止

ポイント

罰則▶P145

▶ 教育者は、学校の児童・生徒・学生に対する教育上の地位を利用して選挙運動をすることはできません。

▶ 教育者とは、小学校、中学校、義務教育学校、高等学校、中等教育学校、高等専門学校、大学、特別支援学校、幼稚園、幼保連携型認定こども園の長と教員をいいます（専修学校や各種学校の長と教員は含まれません）。

〔公職選挙法137条関係〕

ケース解説

▶ 「教育上の地位を利用して」とはどのような場合か

教育者の立場を利用して、生徒や学生に直接選挙運動をさせたり、生徒や学生を通じて間接的に保護者にはたらきかけたり（例えば、特定の候補者に投票するよう生徒を通じて保護者に依頼すること）、生徒や学生の保護者に直接はたらきかけること（例えば、保護者会の席上で選挙運動すること）などです。

▶ 公立学校と私立学校の教員とでは違いがあるか

公立学校の校長や教員は、教育者の地位を利用する選挙運動が禁止されるだけでなく、教育公務員としていっさいの選挙運動が禁止されます。私立学校の校長や教員は、教育者の地位を利用する選挙運動が禁止されるだけで、教育者の地位を利用しない一般の選挙運動をすることは禁止されません。

年齢満18歳未満の者の選挙運動の禁止

ポイント

罰則▶P146

▶ 年齢満18歳未満の者は選挙運動をしてはいけません。また、いかなる者も年齢満18歳未満の者を使って選挙運動をしてはいけません。
ただし、年齢満18歳未満の者を選挙運動のための労務（選挙事務所での文書発送や湯茶の接待、あるいは物品を運搬するといった機械的作業など）に使用することはできます。

〔公職選挙法137条の2関係〕

選挙犯罪者等の選挙運動の禁止

ポイント

罰則▶P146

▶ 選挙犯罪や政治資金規正法違反の罪を犯して選挙権・被選挙権を失った者は、選挙運動をすることはできません。

〔公職選挙法137条の3関係〕

▶ 参議院議員選挙の選挙権は、満18歳以上の日本国民に付与されていますが、被選挙権と同様に、P28の欠格事項に該当する場合は失われます。ただし、③について「10年間」とあるのは、選挙権の場合は「5年間」となります。

▶ 成年被後見人や上記の選挙犯罪等以外の一般犯罪を犯して刑に処せられた者で選挙権・被選挙権のない者が選挙運動をすることは禁止されません。

戸別訪問の禁止

ポイント

罰則▶P147

▶ いかなる者も、選挙人の住居・会社・事務所・商店・工場などを戸別に訪れ、特定の候補者に対して投票を依頼したり、または投票しないように依頼してはいけません。かならずしも家屋内に入らない場合でも（店先・軒先などであっても）戸別訪問とみなされます。

▶ 戸別訪問に類似する行為として、次のような行為も戸別訪問とみなされ禁止されています。
①演説会の開催や演説を行うことを戸別に告知する行為
②特定の候補者の氏名や政党その他の政治団体の名称を、戸別に言い歩く行為

〔公職選挙法138条関係〕

ケース解説

▶ **訪問先の相手が不在でも戸別訪問になるのか**
訪問先の相手が不在の場合や、相手に面会を拒絶された場合でも戸別訪問となります。他の用件で訪れた先で付随的に投票を依頼するような場合でも、それが何度もくりかえされるようならば戸別訪問となります。

署名運動の禁止

ポイント
罰則▶P147

▶ いかなる者も、特定の候補者に対して投票を依頼したり、または投票しないように依頼する目的で、選挙人に対し、署名運動をすることはできません。
〔公職選挙法138条の2関係〕

ケース解説

▶ **直接請求のための署名収集は禁止されるか**
この場合は選挙に関して投票を依頼することが目的ではないため、選挙運動には当たりません。ただし、地方自治法により、通常選挙については、任期満了日の60日前から選挙期日までの間、統一対象再選挙・補欠選挙については原則として選挙を行うべき事由が生じた旨の告示日の翌日または当該選挙を行うべき期日の60日前に当たる日のいずれか遅い日から選挙期日までの間、統一されない再選挙については、選挙を行うべき事由が生じた旨の告示日の翌日から選挙期日までの間は署名収集が禁止されています。

人気投票の公表の禁止

ポイント
罰則▶P147

▶ いかなる者も、比例代表選挙でどの名簿届出政党等からどの候補者が当選するか、何人当選するか、選挙区選挙でどの候補者が当選するかを予想する人気投票を行い、その経過や結果を公表してはいけません。新聞、雑誌、テレビ、ラジオ、ポスターなど、いっさいの方法による公表が禁止されます。
〔公職選挙法138条の3関係〕

ケース解説

▶ **電話で聞きとり調査を行った結果を公表してもいけないのか**
聞きとり調査は投票の方法によるものではないので、禁止されていません。

▶ **「ミスター日本」などの人気投票の結果を公表してもよいか**
その投票が、選挙を前提に、誰が当選するかを予想するために行われるのであれば、投票結果を公表してはいけません。
また、人気投票により算定した政党ごとの当落人数などの結果

を公表してもいけません。

飲食物の提供の禁止

ポイント

罰則▶P148

▶ いかなる者も、選挙運動に関して、飲食物を提供することはできません。ただし、湯茶や湯茶に伴い通常用いられる程度の菓子は、提供してもかまいません。

▶ 選挙区選挙の候補者および比例代表選挙の名簿登載者は、選挙運動員などに対し、一定の制限のもとで弁当を支給することができます（P80参照）。

〔公職選挙法139条関係〕

ケース解説

▶ 「湯茶に伴い通常用いられる程度の菓子」とは
例えば、せんべいやまんじゅうなど、いわゆる「お茶うけ」程度のものです。みかんやりんごなどの果物や漬物なども、通常用いられる程度を超えない限り提供することができます。

▶ 陣中見舞として、酒一升を贈ってもよいか
飲食物の提供に当たり、禁止されます。

気勢を張る行為の禁止

ポイント

罰則▶P148

▶ いかなる者も、選挙運動のために、選挙人の注目を集めようと自動車を連ねたり、隊列を組んで往来したり、サイレンを鳴らしたりするなど気勢を張る行為をしてはいけません。

〔公職選挙法140条関係〕

連呼行為の禁止

ポイント

罰則▶P148

▶ いかなる者も、選挙運動のために、連呼行為（候補者の氏名や政党名などをくり返し言うこと）をしてはいけません。
ただし、個人演説会、政党演説会、政党等演説会、街頭演説（幕

間演説を含む）の場所、選挙運動に使用される自動車や船舶の上（午前8時から午後8時までの間に限る）での連呼行為は認められます。

〔公職選挙法140条の2関係〕

| ケース解説 | ▶ **個人演説会などで連呼行為をする場合、時間制限はあるか**

たとえ午前8時以前・午後8時以降であっても、演説会の開催時間中および幕間演説においては、連呼行為をすることができます。ただし、会場の外に向かって連呼行為をすることはできません。また、街頭演説の際に連呼行為ができるのは、立候補者と街頭演説用・乗車用の腕章を着けている人に限られます。

休憩所等の設置の禁止

| ポイント |

罰則▶P149

▶ いかなる者も、選挙運動のために、休憩所やこれに類似する設備（湯呑所や連絡所など）を設置することはできません。選挙運動員や労務者用のものだけでなく、選挙人のために設ける場合も禁止されます。

なお、休憩所とは、休憩することを主たる目的として設置された独立した設備のことであり、演説会場における弁士の控室、選挙事務所の一部に設けられる選挙運動員の休憩室などは禁止されません。

〔公職選挙法133条関係〕

文書図画の回覧行為の禁止

| ポイント |

罰則▶P151

▶ 選挙運動のために、回覧板や文書図画を多数の人に回覧してはいけません。路線バスの側面に候補者の氏名を記載したポスターを掲示して走行することなども、この回覧行為に当たり、禁止されます。

〔公職選挙法142条、143条関係〕

アドバルーン、ネオン・サイン等の禁止

ポイント

罰則▶P155

▶ 選挙運動のために、アドバルーン、ネオン・サイン、電光による表示、スライドその他の映写などの類（屋内の演説会場内で掲示する映写等を除く）を掲示することはできません。

〔公職選挙法143条②関係〕

ケース解説

▶ **選挙事務所表示用の看板を電灯で照明することはできるか**
看板を照明するために電灯を使用することはできますが、単なる照明の範囲を超え、照明による特段の効果を求めるものは禁止されます。

禁止を免れる行為の禁止

ポイント

罰則▶P155

▶ いかなる者も、選挙運動期間中は、著述・演芸などの広告をはじめ、いかなる名目をもってするも問わず、選挙運動用文書図画の頒布・掲示の禁止を免れる行為として、（つまり選挙運動を目的に）候補者の氏名・シンボルマークや政党等の名称、特定の候補者を推薦・支持・反対する者の氏名を表示する文書図画を頒布・掲示してはならないとされています。

▶ また、選挙運動の目的の有無にかかわらず、選挙運動期間中は、候補者の氏名、政党等の名称、候補者の推薦届出者・選挙運動員の氏名、候補者と同一戸籍内にある者の氏名を表示した年賀状、寒中見舞状、暑中見舞状などの挨拶状を当該候補者の選挙区内に頒布・掲示することは「禁止を免れる行為」とみなされ禁止されています。

〔公職選挙法146条関係〕

ケース解説

▶ **選挙期間中、候補者が自らの著書について、新聞広告を出すことはできるか**
単なる書籍の販売促進のための広告ならばできますが、選挙における投票を得る目的でする場合は違反となります。

▶選挙に立候補するために職を辞した者が、選挙運動期間中、退職をした旨の挨拶状を出すことはできるか

選挙区内にある者に対するものは禁止されます。

選挙運動手段

選挙事務所

選挙区選挙 ▶ 原則として、候補者1人につき1ヵ所（合同選挙区は2ヵ所）だけです。

ただし、次の都道府県は2～4ヵ所まで設置できます。

①4ヵ所設置できる都道府県

北海道

②3ヵ所設置できる都道府県

東京都、新潟県、長野県、大阪府、兵庫県、福岡県、長崎県、沖縄県

③2ヵ所設置できる都道府県

岩手県、福島県、茨城県、群馬県、埼玉県、千葉県、神奈川県、岐阜県、静岡県、愛知県、京都府、広島県、愛媛県、熊本県、鹿児島県

〔公職選挙法131条関係〕

比例代表選挙 ▶

名簿届出政党等	名簿登載者 （特定枠の名簿登載者を除く）
都道府県ごとに1ヵ所	1人につき1ヵ所

ポイント ▶ 選挙事務所とは、特定候補者あるいは名簿届出政党等の選挙運動に関する事務を取り扱うところをいいます。政党の選挙対策本部のように、所属するすべての候補者の選挙運動について対策を練るような場所は、通常は選挙事務所ではありません。

罰則▶P149

ケース解説 ▶ **遊説先の友人宅や旅館が選挙事務所とみなされる場合**

遊説のつど一時的に利用する程度であれば、それらは選挙事務所とはみなされません。しかし、それらの場所に選挙運動に関する事務を取り扱うための設備をしたり、選挙運動員がしばしば出入りして選挙運動に関する事務を行ったりしていれば、選挙事務所とみなされます。

ポイント ▶ 選挙事務所を設置できるのは、選挙区選挙においては候補者・推薦届出者に、比例代表選挙においては名簿届出政党等・名簿登載者（特定枠の名簿登載者を除く）に限られます。また、選挙事務所を異動（移動・閉鎖）できるのは設置者のみです。選挙区選挙において推薦届出者がこれらを行う場合は、候補者の承諾が必要です。

▶ 選挙事務所を設置、異動したときは、直ちに文書で、選挙区選挙においては選挙事務所を設置した都道府県および市区町村の選挙管理委員会（合同選挙区では、これらに加えて参議院合同選挙区選挙管理委員会）に、比例代表選挙においては中央選挙管理会と選挙事務所を設置した都道府県および市区町村の選挙管理委員会に届け出なければなりません。

〔公職選挙法130条関係〕

▶ 選挙事務所の設置場所に制限はありませんが、投票日当日に限り、投票所、共通投票所の敷地の入口から半径300m以内の区域にある選挙事務所は、閉鎖するか、半径300m以外の区域に移動させなければなりません。

〔公職選挙法132条関係〕

▶ 選挙事務所は、それぞれの事務所ごとに、1日に1回しか移動できません。

〔公職選挙法131条関係〕

▶ 選挙事務所の入口には、選挙区選挙においては都道府県の選挙管理委員会から、比例代表選挙においては中央選挙管理会から交付された標札を掲示しなければなりません。

▶ 次の場合には、都道府県もしくは市町村の選挙管理委員会または、中央選挙管理会、参議院合同選挙区選挙管理委員会から選挙事務所の閉鎖を命じられます。閉鎖命令に従わない場合は、強制的に閉鎖されます。
①選挙事務所を設置できる者以外の者が設置したとき
②交付された標札を掲示しなかったとき

③投票日当日、投票所、共通投票所の敷地の入口から半径300m
　以内の区域に選挙事務所を設置しているとき
④定められた数を超えて選挙事務所を設置しているとき

〔公職選挙法134条関係〕

ポイント
罰則 ▶ P154

▶ 選挙事務所を表示するために、その場所において、ポスター、
立札・看板の類を合計３つ以内、およびちょうちんの類を１つ
掲示することができます。
ただし、次のような規格制限があります。
①ポスター、立札・看板の類は、350cm×100cm以内
②ちょうちんの類は、高さ85cm以内、直径45cm以内

▶ 次のような者は、選挙事務所を表示するために使用するポス
ター、立札・看板の類の作成費用が、一定限度額の範囲内で公
費負担となります。

選挙区選挙

▶ 得票数が供託没収点以上に達した候補者

比例代表選挙

▶ 当選人の数に２を乗じて得た数に相当する順位までにある名簿
登載者

〔公職選挙法143条関係〕

ケース解説

▶ **両面刷りのポスターも１枚と数えるのか**
ポスターだけでなく、立札・看板の類についても、両面を使用
したものは２枚（２個）と数えられます。なお、三角柱や円錐
形などのように立体的なものは使用できません。

▶ **ポスター等の作成費用が公費負担とならない名簿登載者とは**
例えば、A政党の名簿登載者数が20名で、うち当選人は５名、
B候補の得票数は20人中12番目だったとします。この場合、B
候補は当選人の数に２を乗じて得た数（５×２＝10番目）に入っ
ていないため、公費負担にはなりません。

自動車・船舶・拡声機

ポイント
罰則▶P150

▶ 選挙運動のために使用する自動車・船舶、拡声機には、その数について次のような制限があります。

選挙区選挙

▶ 候補者1人につき、自動車1台または船舶1隻。拡声機は1そろい。合同選挙区は自動車・船舶を通じて2台（2隻）。拡声機は2そろい。

比例代表選挙

▶ 名簿登載者（特定枠の名簿登載者を除く）1人につき、自動車・船舶を通じて2台（2隻）。拡声機は2そろい（名簿届出政党等には認められていません）。

▶ 選挙運動用として自動車・船舶を使用するときは、選挙区選挙においては都道府県の選挙管理委員会（合同選挙区は参議院合同選挙区選挙管理委員会）から、比例代表選挙においては中央選挙管理会から交付される表示板を、前面の見やすいところに取り付けなければなりません。

▶ 選挙区選挙の場合、選挙運動用の自動車と船舶を同時に使用することはできませんが、乗り継ぎのつど表示板を移せば、途中で自動車から船舶に乗り換えて使用することもできます。

▶ 船舶はどんな種類のものでも使用できますが、自動車については乗車定員4〜10人の小型自動車、車両重量が2トン以下の四輪駆動式自動車、乗車定員10人以下の乗用自動車しか使用できません。ただし、これらについても構造上の制限等があるので、あらかじめ選挙管理委員会に問い合わせる必要があります。

▶ 自動車または船舶に乗る選挙運動員は、比例代表選挙においては中央選挙管理会から、選挙区選挙においては都道府県の選挙管理委員会（合同選挙区は参議院合同選挙区選挙管理委員会）から交付される乗車用・乗船用腕章（比例代表選挙は8枚、選挙区選挙は4枚（合同選挙区は8枚））を着けなければなりま

せん。ただし、候補者（特定枠の名簿登載者を除く）、運転手、船員は着ける必要はありません。

▶ 乗車・乗船できる人数には次のような制限があります。
　①自動車に乗車できる人数は、候補者（特定枠の名簿登載者を除く）、運転手1人、乗車用腕章を着けた運動員（4人以内）の合計最大6人です。
　②船舶に乗船できる人は、候補者（特定枠の名簿登載者を除く）、船員（人数の制限なし）、乗船用腕章を着けた運動員（4人以内）です。

〔公職選挙法141条の2関係〕

▶ 走行中の自動車からは連呼行為をすることができますが、それ以外の選挙運動（例えば、ビラの頒布など）はできません。停止した状態であれば街頭演説などをすることができます。

〔公職選挙法141条の3関係〕

▶ 選挙運動用として拡声機を使用するときは、選挙区選挙においては都道府県の選挙管理委員会（合同選挙区は参議院合同選挙区選挙管理委員会）から、比例代表選挙においては中央選挙管理会から交付される表示板を、マイクの下部など一定の場所に取り付けなければなりません。

ポイント ▶ 選挙運動用の拡声機を個人演説会や幕間演説の開催中にその会場で使用する場合に限り、別にもう1そろい使用することができます。同時に数カ所で演説会を開催するときは、会場ごとにそれぞれ1そろい使用することができます。これらの拡声機には表示板を取り付ける必要はありません。

〔公職選挙法141条関係〕

罰則▶P154 ▶ 選挙運動用の自動車・船舶にポスター、立札、ちょうちん、看板の類を掲示する場合には、次のような制限があります。
　①ポスター、立札・看板は、273cm×73cm以内、数量制限なし
　②ちょうちんは、高さ85cm以内、直径45cm以内、1個に限る

〔公職選挙法143条関係〕

▶ 選挙区選挙の候補者は、得票数が供託没収点以上に達した場合には、選挙運動用自動車の使用料と自動車・船舶に掲示する立札・看板の類の作成費用が一定限度額の範囲内で公費負担となります。比例代表選挙の名簿登載者は、当選人の数に2を乗じて得た数に相当する順位までにある者に限り、これらが一定限度額の範囲内で公費負担となります。

〔公職選挙法141条関係〕

選挙運動用通常葉書

ポイント
罰則▶P150

▶ 選挙運動のために使用する通常葉書には、次のような枚数制限があります。

選挙区選挙

▶ 当該都道府県の衆議院小選挙区の数が1の場合、3万5千枚。小選挙区の数が1増えるごとに2千5百枚追加。

比例代表選挙

▶ 名簿登載者（特定枠の名簿登載者を除く）1人につき、15万枚。（名簿届出政党等には認められていません）

▶ 選挙運動のために使用する通常葉書は、日本郵便株式会社が定める営業所で、必ず「選挙用」の表示を受けなければなりません。

▶ 選挙運動用通常葉書を発送するときは、郵便物の配達事務を取り扱う営業所（郵便局）の窓口に差し出さなければなりません。郵便ポストに投函したり、路上で手渡して配ったりすることはできません。

▶ 選挙運動用通常葉書の記載内容については、特段の制限はありません。したがって、政見発表や投票依頼などの文章のほか、候補者の写真を載せることもできます。また、候補者はもちろん、第三者（地域の有力者など）に依頼して推薦状の形で出すこともできます。また、推薦人が選挙運動用通常葉書に推薦の言葉を書き添えることもできます。

▶ 選挙運動用通常葉書は無料で交付されます。さらに、次のような者は、葉書の作成費用（印刷費など）が一定限度額の範囲内で公費負担となります。

選挙区選挙　▶ 得票数が供託没収点以上に達した候補者

比例代表選挙　▶ 当選人の数に2を乗じて得た数に相当する順位までにある名簿登載者

〔公職選挙法142条関係〕

▶ 立候補届出が却下された候補者や立候補を辞退した候補者が、無料葉書の交付を受けている場合は、未使用の葉書を返還しなければなりません。

〔公職選挙法177条関係〕

ケース解説 ▶ **選挙事務所の開設告知を手持ちの葉書で通知してもよいか**
選挙人に通知する場合は、必ず選挙用の表示のある葉書を使用しなければなりません。選挙運動員などに事務連絡として通知する場合は、選挙用の表示のない葉書を使用してもかまいません。

▶ **選挙区内にある会社や工場などに「○○会社御中」や「○○課御一同様」として郵送することはできるか**
このような宛名で郵送することは多数人に対して回覧や掲示によって伝達されることを予定しているものであるため、禁止されています。

選挙運動用ビラ

ポイント
罰則▶P151
選挙区選挙

▶ 選挙運動用に使用するビラには、次のような制限があります。

▶ 2種類、29.7cm×21cm（A4判）以内。
当該都道府県の衆議院小選挙区の数が1の場合、10万枚以内。小選挙区の数が1増えるごとに、1万5千枚を加えた数以内（上限30万枚）。

54

比例代表選挙 ▶ 名簿登載者（特定枠の名簿登載者を除く）1人につき、2種類・合計25万枚以内。
29.7cm×21cm（A4判）以内。
（名簿届出政党等には認められていません）

ポイント ▶ ビラとは、宣伝のために不特定多数の人に頒布する1枚刷り程度のものをいい、リーフレットやチラシも含まれます。記載内容については、特段の制限はありません。選挙運動のために使用するビラの表面には、頒布責任者と印刷者の氏名・住所（法人の場合は名称・所在地）を記載しなければなりません。さらに、比例代表選挙のビラにあっては、当該名簿登載者に係る名簿届出政党等の名称および選挙運動用ビラである旨を表示する記号を記載しなければなりません。

▶ 選挙区選挙においては都道府県の選挙管理委員会（合同選挙区は参議院合同選挙区選挙管理委員会）に、比例代表選挙においては中央選挙管理会に届け出たビラでなければ頒布することはできません。また、届け出た際に交付される証紙を貼らなければなりません。

▶ ビラの頒布方法は、候補者の選挙事務所内・個人演説会場内・街頭演説の場所における頒布と、新聞折込みによる頒布に限られます。
比例代表選挙の名簿登載者は、これらに加えて、当該名簿登載者に係る名簿届出政党等の選挙事務所内における頒布が認められています。

▶ 次のような者は、ビラの作成費用（印刷費など）が一定限度額の範囲内で公費負担となります。

選挙区選挙 ▶ 得票数が供託没収点以上に達した候補者
比例代表選挙 ▶ 当選人の数に2を乗じて得た数に相当する順位までにある名簿登載者

〔公職選挙法142条関係〕

ケース解説 ▶ **選挙運動用ビラを掲示してもよいか**

選挙運動用の文書図画のうち掲示できるのは、選挙事務所、選挙運動用自動車・船舶、個人演説会場で使用するポスター、ちょうちん、立札・看板の類と、選挙運動用・個人演説会告知用ポスター、新聞広告だけです。したがって、選挙運動用ビラや通常葉書は頒布は認められても、掲示することはできません。

パンフレット・書籍

ポイント ▶ 参議院議員通常選挙においては、名簿届出政党等は国政に関する重要政策等を記載したパンフレット・書籍（以下「パンフレット等」といいます）を選挙運動のために頒布することができますが、次のような制限がありますので、留意する必要があります。

罰則▶P156

▶ 参議院通常選挙において、選挙運動のためにパンフレット等を頒布することができるのは、名簿届出政党等に限られます。

▶ 名簿届出政党等が選挙運動のために頒布できるパンフレット等は、当該名簿届出政党等の本部において直接発行するもので、国政に関する重要政策等を記載したものとして総務大臣に届け出たもの2種類（うち1種類は要旨等を記載したもの）に限られます。

▶ パンフレット等には、当該名簿届出政党等の代表者以外の候補者・名簿登載者の氏名および写真等の氏名類推事項を掲載することは禁止されています。

▶ パンフレット等の表紙には、頒布責任者と印刷者の氏名および住所（法人の場合は名称および所在地）ならびに届出を行ったパンフレット等である旨を表示する記号を記載しなければなりません。

▶ パンフレット等の頒布方法は、当該名簿届出政党等および当該名簿届出政党等に所属する候補者・名簿登載者の選挙事務所内・個人演説会場内・街頭演説の場所における頒布に限られます。

〔公職選挙法142条の2関係〕

ケース解説 ▶ **パンフレット等を有償で頒布することはできるか**

上記の頒布方法に違反しなければ、有償で頒布しても差し支えありません。

▶ **要旨としてリーフレットを頒布することはできるか**

1枚様のリーフレットは、形状的にパンフレットではなく、ビラに当たるため、ここでいうパンフレット等として頒布することはできません。なお、選挙運動用ビラの頒布は、候補者・名簿登載者（特定枠の名簿登載者を除く）はできますが、名簿届出政党等はできません(P54参照)。

新聞広告

ポイント
罰則▶P152
▶ 選挙区選挙の候補者と比例代表選挙の名簿届出政党等は、次のような制限の下で新聞広告をすることができます。

選挙区選挙 ▶ 横 9.6cm×縦2段組以内、5回以内（合同選挙区は10回以内）

比例代表選挙 ▶

名簿登載者数	寸法	回数
1〜8人	横38.5cm×縦20段組以内	40回以内
9〜16人	横38.5cm×縦28段組以内	56回以内
17〜24人	横38.5cm×縦36段組以内	72回以内
25人以上	横38.5cm×縦44段組以内	88回以内

ただし、1回当たりの寸法は、横9.6cm×縦1段組の寸法の整数（2以上のものに限る）倍の寸法でその形態が長方形のものに限られ、横38.5cm×縦15段組の寸法を超えてはなりません。

▶ 新聞を利用して行うことができる選挙運動は新聞広告だけで

す。新聞広告は、新聞販売業者による宅配など通常の方法で行う頒布と、都道府県の選挙管理委員会が指定する場所への掲示に限られます。

▶ 新聞広告の掲載場所は記事下に限られ、色刷りは認められません。記載内容については特段の制限はありません。

▶ 広告費用は無料です。ただし、比例代表選挙の名簿届出政党等に限り、得票率（当該名簿届出政党等の名簿登載者の得票数を含む）が1％未満ならば自己負担となります。

〔公職選挙法149条関係〕

▶ **新聞広告の頒布について認められない場合とは**
新聞販売業者が定期購読者以外の者に無償で頒布したり、候補者が自分の広告が掲載されている新聞を大量に購入し、選挙人に頒布する場合などです。

選挙公報

▶ 選挙公報は、選挙区選挙においては選挙区ごとに、比例代表選挙においては選挙が行われる区域（全国）を通じて、都道府県の選挙管理委員会が必ず1回発行することになっています。なお、掲載文の寸法は、選挙区選挙においては各都道府県の選挙管理委員会が定め、比例代表選挙においては次のような寸法制限があります。

比例代表選挙 ▶

名簿登載者数	寸法
1〜8人	11.5cm×37.5cm
9〜16人	23.0cm×37.5cm
17〜24人	34.5cm×37.5cm
25人以上	46.0cm×37.5cm

〔公職選挙法167条、168条関係〕

ポイント ▶ 選挙公報とは、候補者の氏名・経歴・写真・政見など（比例代表選挙の場合は、名簿届出政党等の名称・略称・政見、名簿登載者の氏名・経歴・写真、特定枠の名簿登載者の当選人となるべき順位）を掲載した文書をいいます。

〔公職選挙法167条関係〕

▶ 掲載文の申請書は、選挙期日の公示の日から2日間に、掲載文を添えて、選挙区選挙の選挙公報については都道府県の選挙管理委員会（合同選挙区は参議院合同選挙区選挙管理委員会）に、比例代表選挙の選挙公報については中央選挙管理会に提出しなければなりません。名簿届出政党等は、掲載文の半分以上を名簿登載者の紹介に当てるよう努めることとされています。

罰則▶P138 ▶ 掲載文には字数制限はなく、図やイラストレーションの類を一定の制限のもとに記載することもできますが、他人や他党の名誉を傷つけたり、善良な風俗を害したり、特定の商品広告をするなど、選挙公報の品位を損なってはなりません。

〔公職選挙法168条関係〕

▶ 選挙公報の掲載申請に関しては、子細な規定が多いので必ず中央選挙管理会や都道府県の選挙管理委員会に問い合わせてください。

▶ 掲載の順序は、申請受付の順番にかかわらず、都道府県の選挙管理委員会によりくじで定められ、選挙人の各世帯に対して、投票日の2日前までに配布されます。

〔公職選挙法167条~172条関係〕

インターネット（ウェブサイト等）

ポイント ▶ 誰もが、ウェブサイト等を利用する方法（電子メールは含まれません。）により、選挙運動用の文書図画を頒布することができます。

ただし年齢満18歳未満の者等は、選挙運動をすることができません。

▶ 投票日の前日までにウェブサイト等を利用する方法により頒布された選挙運動用文書図画は、投票日当日も、受信者が通信端末機器の映像面に表示可能な状態にしておくことができます。ただし、選挙期日当日の更新はできません。
〔公職選挙法142条の3関係〕

▶ ウェブサイト等を利用する方法により選挙運動用文書図画を頒布する者は、電子メールアドレスその他のインターネット等による方法で、その者に連絡する際に必要となる情報（電子メールアドレス等）が正しく表示されるようにしなければなりません。
〔公職選挙法142条の3関係〕

▶ 選挙期日の公（告）示の日から投票日までの間、ウェブサイト等で当選を得させないための活動に使用する文書図画を掲載する者は、自らの電子メールアドレス等が正しく表示されるようにしなければなりません。
〔公職選挙法142条の5関係〕

ケース解説 ▶ **選挙運動用の動画をウェブサイトに掲載できるか**
ホームページへの動画の掲載も「ウェブサイト等を利用する方法による選挙運動」に含まれるので、行うことができます。

▶ **選挙期間中にツイッターで候補者の情報を拡散してよいか**
ツイッターやフェイスブックなどのソーシャル・ネットワーキング・サービス（SNS）は「ウェブサイト等」に含まれるので、候補者が発信した情報を自由にシェアしたり、リツイートして拡散できます。

▶ **ホームページの更新やツイートを業者に委託するのは運動員買収に当たるか**
単に候補者の指示に従って、一連の機械的な作業を行ったにすぎないと認められる場合は、当該行為の限りにおいては直ちに選挙運動に当たるとはいえないことから、運動員買収には当た

りません。

ただし、ホームページに掲載する文章等を業者に外注委託して作成させた場合は、選挙運動の企画立案を業者が行ったこととなり、運動員買収に該当します。

インターネット（電子メール）

罰則▶P151

ポイント

▶ 選挙運動用の電子メールは、候補者と政党等（名簿届出政党等、確認団体）のみ認められており、その他の者は送信できません。

▶ 選挙運動用電子メールは、次の者に対してのみ、かつ、次の者が送信者に対して自ら通知した電子メールアドレスに対してのみ送信できます。
　①選挙運動用電子メールの送信を求める旨や送信に同意する旨を、あらかじめ電子メール送信者に通知している者
　②政治活動用の電子メールを継続的に受信しており、電子メール送信者から選挙運動用の電子メールを送信する旨の通知を受けた際、当該通知に対して送信拒否をしなかった者
　ただし、送信拒否の通知を受けたときは、以後、送信してはいけません。

▶ 選挙運動用の電子メールを送信する者は、次の場合、それぞれに定める事実を証明する記録を保存しなければなりません。
　(1)　前述①の者に送信する場合
　・受信者が電子メールアドレスを選挙運動用メール送信者に対し、自ら通知したこと。
　・選挙運動用電子メールの送信の要求や送信への同意があったこと。
　(2)　前述②の者に送信する場合
　・受信者が電子メールアドレスを選挙運動用メール送信者に対し、自ら通知したこと。
　・当該電子メールアドレスに継続的に政治活動用電子メールを送信していること。

・選挙運動用電子メールを送信する旨の通知をしたこと。

〔公職選挙法142条の4関係〕

▶ 選挙運動用電子メールの送信者は、送信する際に次の事項を正しく表示しなければなりません。
①選挙運動用電子メールである旨
②選挙運動用電子メール送信者の氏名・名称
③送信拒否の通知を行うことができる旨
④送信拒否の通知を行う際に必要となる電子メールアドレスその他の連絡先

〔公職選挙法142条の4関係〕

▶ 選挙期日の公（告）示の日から投票日までの間、電子メールで当選を得させない為の活動文書図画を頒布する者は、その文書図画に、自らの電子メールアドレスと氏名・名称を正しく表示しなければなりません。

〔公職選挙法142条の5関係〕

ケース解説 ▶ **フェイスブックのメッセージは「電子メール」に当たるか**
「電子メール」は、SMTP方式、電話番号方式の電子メールであり、これらの方式を利用しないフェイスブックのメッセージは含まれません。その場合、フェイスブックのメッセージには「電子メール」の制限はかからず、ウェブサイト等と同様の表示義務が課されるだけです。

▶ **電子メールアドレスを含む名簿を買って選挙活動用電子メールを送信してよいか**
「電子メールアドレスを自ら通知した者」にしか送信できないため、名簿を購入して得た電子メールアドレスや、第三者から教えられた電子メールアドレスに対して選挙運動用電子メールを送信することはできません。

▶ **選挙運動用電子メールの送信制限は実務上複雑ではないか**
すでに政治活動用電子メールを送っている受信者に対しては、「このメールアドレスに対して選挙期間中に選挙活動用メール

を送ります。不要な方はその旨をご返信ください」という内容のメールを選挙公（告）示前に送っておけば、拒否の返信があった以外の受信者に選挙期間中、選挙運動用電子メールを送ることができます。ただし、選挙運動用電子メールの送信先は、受信者が送信者に対して通知した電子メールアドレスに限られるので、送信者に受信者の電子メールアドレスが通知されない電子メール配信代行業者を使用して政治活動用電子メールを送っている場合は、この限りでありません。

また新たに政治活動用電子メールの受信者を募集する際も、「選挙期間中には選挙運動用電子メールを送信します。不要な方はその旨をご返信ください」という旨を注意書きしておけば、拒否の返答がなければ選挙期間中も継続して選挙運動用電子メールを送ることができます。

選挙運動のための有料インターネット広告

ポイント

罰則▶P152

▶ いかなる者も、候補者や政党等（名簿届出政党、確認団体）の氏名・名称、もしくはこれらの類推事項を表示した選挙運動用有料インターネット広告は掲載できません。（①）

▶ また選挙運動期間中、①の禁止を免れる行為として、候補者や政党等の氏名・名称もしくはこれらの類推事項を表示した有料インターネット広告（選挙運動用ウェブサイト等に直接リンクするものを含む）は掲載できません。（②）

▶ さらに選挙運動期間中は、候補者や政党等の氏名・名称もしくはこれらの類推事項が表示されていない広告であっても、選挙運動用ウェブサイト等に直接リンクする有料インターネット広告を掲載できません。（③）

▶ ただし、政党等（候補者届出政党、名簿届出政党等、確認団体）は、前述②③にかかわらず、選挙運動期間中でも、当該政党等の選挙運動用ウェブサイト等に直接リンクした有料インター

ネット広告（①に該当するものを除く。）を掲載できます。

〔公職選挙法142条の6関係〕

選挙運動用・個人演説会告知用ポスター

ポイント
罰則▶P154
▶ 選挙運動用ポスターは比例代表選挙の名簿登載者（特定枠の名簿登載者を除く）と選挙区選挙の候補者に、個人演説会告知用ポスターは選挙区選挙の候補者に限り、次のような制限の下で掲示することができます。

選挙区選挙
▶ 選挙運動用ポスターは、42cm×30cm以内。個人演説会告知用ポスターは、42cm×10cm以内。掲示できる枚数は、いずれも公営ポスター掲示場1ヵ所につき1枚。

比例代表選挙
▶ 名簿登載者（特定枠の名簿登載者を除く）1人につき、選挙運動用ポスター7万枚、42cm×30cm以内。

▶ 選挙区選挙の候補者は、公営ポスター掲示場以外の場所に、選挙運動用ポスターおよび個人演説会告知用ポスターを掲示することはできません。

〔公職選挙法143条、144条、144条の2関係〕

ポイント
▶ 名簿登載者のポスターには、原則として掲示場所の制限はありませんが、国または地方公共団体が所有・管理する建物や、不在者投票管理者の管理する投票記載場所には、選挙運動用ポスターを掲示することはできません。ただし、承諾があれば、次の場所には掲示できます。
①電柱、橋りょう
②公営住宅（県営住宅や市営住宅などをいい、公営住宅に隣接する集会場などの共同施設や官舎・公舎には掲示不可）
③地方公共団体の管理する食堂や浴場

〔公職選挙法145条関係〕

▶ 名簿登載者が使用する選挙運動用ポスターには中央選挙管理会の検印・証紙がなければなりません。

▶ 選挙運動用ポスターの表面には、掲示責任者と印刷者の氏名・住所（法人の場合は名称・所在地）を記載する必要があります。名簿登載者が使用するポスターには、さらに当該名簿登載者に係る名簿届出政党等の名称を記載しなければなりません。

〔公職選挙法144条関係〕

▶ 選挙運動用ポスターの記載内容については、虚偽事項や利益誘導に関することなどを記載しない限り特段の制限はなく、色刷りの制限もありません。

ポイント ▶ 個人演説会告知用ポスターは、個人演説会（日時・場所等）を告知するものでなければならず、単に政策や氏名のみを記載することはできません。

▶ 個人演説会告知用ポスターの表面には、掲示責任者の氏名・住所を記載しなければなりません。

〔公職選挙法143条関係〕

▶ 個人演説会告知用ポスターは、次のことに注意すれば、選挙運動用ポスターと合わせて作成することもできます。
　①2種類のポスターを1枚として作成する場合
　・ポスターの大きさは、42cm×40cm以内であること
　・個人演説会の日時と場所の記載欄が設けてあること
　・掲示責任者の氏名・住所はポスター中に1ヵ所記載すればよい
　②2種類のポスターを別々に作成するが、2枚を接続して掲示する場合（次頁参照）
　・ポスターの大きさは、それぞれの規格内でなければならず、合計42cm×40cm以内であること
　・個人演説会の日時と場所の記載欄が設けてあること
　・掲示責任者の氏名・住所は、それぞれのポスターに記載すること

〔公職選挙法143条、144条関係〕

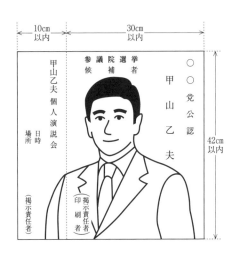

10cm
以内

30cm
以内

参議院選挙
候補者

○
○
党
公
認

甲
山
乙
夫

42cm
以内

甲
山
乙
夫
個
人
演
説
会

日
時
場
所

（掲
示
責
任
者）

（掲
示
責
任
者
印
刷
者）

ポイント ▶ 次のような者は、選挙運動用ポスターと個人演説会告知用ポスター（選挙区選挙に限る）の作成費用（印刷費など）は、一定限度額の範囲内で公費負担となります。

選挙区選挙 ▶ 得票数が供託没収点以上に達した候補者

比例代表選挙 ▶ 当選人の数に2を乗じて得た数に相当する順位までにある名簿登載者

〔公職選挙法143条関係〕

個人演説会

ポイント ▶ 選挙運動のために行う演説会は、個人演説会に限られます。選挙区選挙の候補者と比例代表選挙の名簿登載者（特定枠の名簿登載者を除く）だけがこれを開催でき、第三者が開催することはできません。演説会は、聴衆を特定の会場に参集させたうえで演説をするという点で、単なる演説とは区別されます。また、個人演説会は、選挙運動期間中に何度でも開催できますが、同

罰則▶P153

時開催は比例代表選挙においては制限はありませんが、選挙区選挙においては5ヵ所（合同選挙区は10ヵ所）以内に限られます。

〔公職選挙法162条、164条の2、164条の3関係〕

▶ 個人演説会は、公営施設を使用する場合と公営施設以外の施設を使用する場合とでは、使用時間などの制限が異なります。公営施設とは、学校、公民館、地方公共団体が管理する公会堂、市町村の選挙管理委員会が指定する施設（図書館や集会場など）です。公営施設以外の施設とは、個人の家、神社、寺院、劇場などです。

〔公職選挙法161条、161条の2関係〕

ポイント ▶ 個人演説会を公営施設で開催するときは、開催予定日の2日前までに市町村の選挙管理委員会に申し出なければなりません。使用許可を得れば、施設ごとに1回目の使用が無料となります（2回目からは有料）。なお、公営施設の使用時間は、1回につき5時間以内に限られます。

〔公職選挙法163条、164条関係〕

▶ 個人演説会を公営施設以外の施設で開催するときは、施設の管理者などの承諾が必要です。この場合、使用時間に制限はありませんが、次の場所で開催することはできません。
①国または地方公共団体が所有・管理する建物（公営住宅を除く）
②電車・バスなどの車中、停車場、鉄道敷地内
③病院、診療所、その他の療養施設

〔公職選挙法166条関係〕

▶ 他の選挙の投票日には、その投票所、共通投票所を設けた場所の入口から300m以内の区域では、午前零時から投票所の閉鎖時間までの間は、個人演説会を開催することはできません。

〔公職選挙法165条の2関係〕

▶ 選挙区選挙の候補者が個人演説会を開催する際には、都道府県の選挙管理委員会（合同選挙区は参議院合同選挙区選挙管理委

員会）が交付する表示板を付けた立札・看板類（273cm×73cm以内）を、会場の前の公衆の見やすい場所に掲示しなければなりません。

この表示板は5個（合同選挙区は10個）交付されるので、同時開催は5ヵ所（合同選挙区は10ヵ所）以内に限られることになります。

〔公職選挙法164条の2関係〕

罰則▶P154

▶ 個人演説会の開催中に会場内に掲示することができる文書図画は次のとおりです。

① ポスター、立札・看板の類（枚数・規格制限なし）

② ちょうちんは、高さ85cm以内、直径45cm以内（1個に限る。ただし、次頁により会場外に掲示した場合は掲示することができない）

③ 屋内の演説会場内においてその演説会の開催中掲示する映写等の類

ポイント

罰則▶P154

▶ 個人演説会の開催中に会場の外に掲示できる文書図画は、選挙区選挙においては、先述の表示板を付けた立札・看板の類に限られます。また、比例代表選挙においては次のとおりです。

① ポスター、立札・看板の類は、273cm×73cm以内（会場ごとに通じて2以内）

② ちょうちんは、高さ85cm以内、直径45cm以内（1個に限る。ただし、前頁により会場内に掲示した場合は掲示することができない）

〔公職選挙法143条関係〕

▶ 個人演説会の会場では、誰が演説してもかまいません。演説者が不在でも、テープレコーダーなどで不在の応援者などの演説を聴かせることもできます。また、演説会場ごとに拡声機を1そろい使用することができます。

〔公職選挙法141条、164条の4関係〕

▶ 個人演説会では、会場内で聴衆に向かって行う限り、連呼行為も認められます。ただし、会場内の窓や入口から外に向かって

連呼することはできません。

〔公職選挙法140条の2関係〕

▶ 選挙区選挙の候補者に限り、得票数が供託没収点以上に達した
場合には、個人演説会場の外で使用した立札・看板類の作成費
用は、一定限度額の範囲内の公費負担となります。

〔公職選挙法164条の2関係〕

政見放送・経歴放送

ポイント ▶ 政見放送は比例代表選挙の名簿届出政党等と選挙区選挙の候補
者に、経歴放送は選挙区選挙の候補者のみに認められます。
ただし、放送回数などは次のように定められています。

選挙区選挙 ▶ • 政見放送の回数は8回（NHKのラジオ放送およびテレビ放
送各2回、一般放送事業者によるテレビおよびラジオ放送計
4回）。放送時間は1回当たり5分30秒以内。
• 経歴放送の回数は、NHKのラジオ放送がおおむね5回、同
テレビ放送が1回。放送時間は1回当たり30秒以内。

比例代表選挙 ▶

名簿登載者数	テレビ放送	ラジオ放送	放送時間／回
1〜8人	2回	1回	政見放送及び経歴放送実施規程を参照
9〜16人	4回	2回	
17〜24人	6回	3回	
25人以上	8回	4回	

＊NHKの放送設備を使用

〔公職選挙法150条、151条関係〕

▶ 経歴放送は、候補者の経歴書に基づいて放送局が放送します。

政見放送は、あらかじめ収録した政見をそのまま放送しますが、収録を行う日時と場所は名簿届出政党等および候補者の希望を考慮して放送局が定めます。いずれも、放送料は公費で負担されます。

〔公職選挙法150条、151条関係〕

ポイント ▶ 平成30年の公職選挙法の改正により、参議院選挙区選挙の政見放送について、持込みビデオ方式が導入されました。

※ ただし、持込みビデオ方式を選択できるのは、衆議院小選挙区選挙において持込みビデオ方式を選択できる候補者届出政党と同じ要件を満たし、かつ確認団体・推薦団体である政党その他の政治団体の所属候補者・推薦候補者に限られます。

▶ スタジオ録画方式の場合、政見放送を収録する際には、名簿届出政党等については、単独方式、対談方式、複数方式、組合せ方式が認められていますが、選挙区選挙の候補者については、着席した候補者本人によるものに限られ、対談等の方式は認められていません。
また、いずれの場合もたすき・腕章・はちまきなどを着用したり、放送原稿以外の用具を使用してはいけません。
持込みビデオ方式の場合は、収録方法は候補者の任意です。

〔公職選挙法150条関係〕

罰則 ▶ P138 ▶ 政見放送を行う者は、他人や他党の名誉を傷つけたり、善良な風俗を害したり、特定の商品広告を行うなど、品位を損なう言動をしてはいけません。

〔公職選挙法150条の2関係〕

街頭演説

ポイント ▶ 街頭演説とは、街頭、公園、空き地などで、多数の人に向かって選挙運動のために行う演説をいいます。屋内（選挙事務所など）から街頭に向かって行う演説も含まれます。

罰則 ▶ P153

▶ 街頭演説は、午前8時から午後8時までの間に限り、行うことができます。

〔公職選挙法164条の6関係〕

▶ 街頭演説は、比例代表選挙の名簿登載者（特定枠の名簿登載者を除く）と選挙区選挙の候補者に認められます。

▶ 街頭演説を行うときは、名簿登載者は中央選挙管理会が交付する標旗を、候補者は都道府県の選挙管理委員会（合同選挙区は参議院合同選挙区選挙管理委員会）が交付する標旗を掲げ、その場にとどまって行わなければなりません。道路を歩行しながら、または自動車や自転車で走行しながら演説することはできません。

ポイント ▶ 標旗は、比例代表選挙の名簿登載者1人につき6本、選挙区選挙の候補者1人につき1本（合同選挙区は2本）交付されるので、名簿登載者は同時に6ヵ所まで街頭演説を行うことができますが、選挙区選挙の候補者は原則、同時開催をすることはできません。

〔公職選挙法164条の5関係〕

▶ 街頭演説は次の場所で開催することはできません。
①国や地方公共団体が所有・管理する建物（公営住宅を除く）
②電車・バスなどの車中、汽車やバスの停車場、鉄道敷地内
③病院、診療所、その他の療養施設

〔公職選挙法166条関係〕

▶ 街頭演説に従事する選挙運動員は、演説を行う場所ごとに15人以下に限られます。これらの者は、比例代表選挙においては中央選挙管理会が、選挙区選挙においては都道府県の選挙管理委員会（合同選挙区は参議院合同選挙区選挙管理委員会）が交付する腕章を着けなければなりません。

〔公職選挙法164条の7関係〕

▶ 街頭演説を行うときは、連呼行為が認められます。

ただし、次のことに努めなければなりません。
①学校、病院、診療所、その他の療養施設の周辺では、静かに
演説を行うこと（静穏を保持すること）
②長時間にわたって同じ場所にとどまって演説しないこと

〔公職選挙法140条の2、164条の6関係〕

▶ 街頭演説では、誰が演説してもかまいません。演説者が不在で
も、テープレコーダーなどで不在の応援者などの演説を聴かせ
ることもできます。また、表示板をつけた拡声機を使用するこ
とができます。

▶ 他の選挙の投票日には、その投票所、共通投票所を設けた場所
の入口から300m以内の地域では、午前零時から投票所の閉鎖
時刻までの間は、街頭演説を行うことはできません。

▶ 街頭演説の場所では、選挙運動用ビラを頒布することができま
す(P55参照)。

▶ 街頭演説の場所では、ポスター、立札・看板などを掲示するこ
とはできません。
ただし、選挙運動用自動車・船舶に取り付けてあるポスター、
立札・看板の類、ちょうちんは差し支えありません。

〔公職選挙法143条関係〕

特殊乗車券等

ポイント

罰則▶P152

▶ 特殊乗車券とは、候補者・推薦届出者・選挙運動員が、選挙運
動期間中に選挙区内で鉄道や乗合バスなどの交通機関を利用す
るための無料乗車券をいいます。これは比例代表選挙の名簿登
載者（特定枠の名簿登載者を除く）と選挙区選挙の候補者に交
付されますが、名簿登載者にはさらに特殊航空券も交付されます。

▶ 立候補届が済むと、選挙区選挙においては、選挙長から「公職
の候補者旅客運賃後払証」が、候補者には15枚（合同選挙区は
30枚）交付されます。これに必要事項を記入して、選挙期日の

公示の日から投票日までの間に、乗車券の発行所に提示すれば特殊乗車券を受け取ることができます。

また、比例代表選挙においては、選挙長から「特殊乗車券・特殊航空券」の綴りが6冊交付されます。これをJR各駅または空港の搭乗カウンターに提示し、所要の手続きを受けることにより、JR全線およびバスまたは航空機のいずれかを無料で使用することができます（合同選挙区は、1枚につき1つの県内で使用できる特殊乗車券を受け取ることとなります。）。

▶ 特殊乗車券・特殊航空券を使用できる人は、候補者、推薦届出者、選挙運動員に限られ、選挙運動のために雇われた労務者は使用できません。使用を認められていない人が特殊乗車券・特殊航空券を使用した場合は、無効とされ、回収されます。

〔公職選挙法176条関係〕

▶ 立候補を辞退したときや、立候補の届出が却下されたときには、すぐに特殊乗車券および特殊航空券を返還しなければならず、他人に譲渡することはできません。

〔公職選挙法177条関係〕

「わたる」規定

ポイント ▶ 各選挙ごとに候補者や政党等に認められている選挙運動手段については、当該選挙において当該候補者・政党等の選挙運動のためにのみ使用できるものであり、その選挙運動手段を他の選挙の選挙運動に用いたり、他の候補者・政党等のために用いたりすることは、原則としてできません。しかしながら、参議院議員の選挙においては、次のとおり特例が設けられています。

▶ 参議院議員選挙においては、選挙区選挙の選挙運動が、選挙区選挙の選挙運動手段として認められている範囲内で、比例代表選挙の選挙運動にわたることを妨げるものではないとされています。すなわち、選挙区選挙の選挙運動手段において、選挙区選挙の選挙運動を主として行う中で、比例代表選挙の選挙運動

を従として行うことができるということです。

〔公職選挙法178条の3関係〕

ケース解説 ▶ **選挙区選挙の候補者甲山（A党所属）の選挙運動用ポスターに、比例代表選挙の名簿届出政党等であるB党およびその名簿登載者への投票依頼文言を記載できるか**

あくまで甲山の選挙運動に関する内容が主として記載され、B党およびその名簿登載者への投票依頼文言が従として記載されるものである限り、他党の選挙運動を行っても差し支えありません。

▶ **選挙区選挙の候補者甲山（A党所属）の新聞広告に、同じ選挙区の候補者乙川（A党所属）への投票依頼文言を記載できるか**

できません。わたる規定は、選挙区選挙の選挙運動手段において、比例代表選挙の選挙運動を従たる範囲内で認めるものであって、たとえ同じ政党に所属する候補者のための従たる範囲の記載であっても、同じ選挙区選挙の他の候補者の選挙運動を行うことは認められません。

▶ **A党の名簿登載者の個人演説会において、A党所属の選挙区選挙の候補者が、A党およびA党の名簿登載者への投票依頼を主として演説するとともに、わずかな時間を使い、自己への投票依頼を行うことはできるか**

できません。参議院議員選挙におけるわたる規定は、選挙区選挙の選挙運動が比例代表選挙の選挙運動にわたることを認めるものであって、比例代表選挙の選挙運動が選挙区選挙の選挙運動にわたることは認められていません。したがって、自己への投票依頼（選挙区選挙の選挙運動）はたとえごく短時間であっても認められません。

その他

ポイント ▶ **新聞・雑誌の報道評論**

選挙期日の公示日から選挙の当日の間に限り、次の(1)または(2)に該当する新聞・雑誌だけが、選挙に関する報道評論を掲載す

罰則▶P143

ることができます。その他の新聞・雑誌には、選挙に関する報道評論をいっさい載せることができません。

(1)次の①～③の条件を満たすもの

①新聞では毎月3回以上、雑誌では毎月1回以上、号をおって定期的に有償で発行しているもの

②第3種郵便物の承認のあるもの

③選挙期日の公示日の1年前（時事に関する事項を掲載する日刊新聞においては6ヵ月前）から①および②の条件に適合し、引き続き発行しているもの

(2)(1)に該当する新聞・雑誌を発行する者が発行する新聞・雑誌で、①および②の条件を備えているもの

ただし、点字新聞については、(1)②の条件は必要ありません。

〔公職選挙法148条関係〕

ポイント ▶ **投票所内の氏名等掲示**

投票日には、原則として投票所に氏名等掲示が行われます。選挙区選挙については候補者の氏名および党派別が、比例代表選挙については名簿届出政党等の名称・略称、名簿登載者の氏名、特定枠の名簿登載者の当選人となるべき順位が掲示されますが、掲載の順序は、選挙区選挙については市区町村の選挙管理委員会が開票区ごとに、比例代表選挙については各都道府県の選挙管理委員会が都道府県ごとにくじで決めます。このとき、候補者や政党の代表者などはその場に立ち会うことができます。なお、比例代表選挙における特定枠の名簿登載者の氏名及び順位は、特定枠以外の名簿登載者と区分して、優先的に当選人となるべき候補者である旨を表示した上で、特定枠以外の名簿登載者の次に掲載されます。

〔公職選挙法175条関係〕

▶ **幕間演説**

幕間演説とは、映画や演劇の幕間、青年団や婦人会の会合、会社や工場の休憩時間などに、候補者・選挙運動員・第三者などが、たまたまそこに集まっている人に向かって選挙運動のために演説することをいいます。これは、あらかじめ聴衆を集めて行う「演説会」ではなく、「街頭演説」にも当たらないため、

自由に行うことができます。なお、他の選挙の投票日における制限は「個人演説会」や「街頭演説」と同様です。

▶ 個々面接

電車やバスの中あるいは買い物中や道路の歩行中などに、たまたま出会った知人などにその機会を利用して口頭で選挙運動をすることを「個々面接」といい、自由に行うことができます。

▶ 電話による選挙運動

電話による選挙運動は、原則として自由に行うことができます。ただし、認められるのは、一戸、一戸に電話をかけて投票依頼などをする方法であり、同時に数戸につながるような方法で電話をかけて選挙運動をすることはできません。

▶ バーコードその他これに類する符号

文書図画に記載・表示されているバーコードその他これに類する符号（QRコード等）に記録されている事項で、読取装置により映像面に表示されるものは、当該文書図画に記載・表示されているものとみなされます。
ただし、法定記載事項については、当該文書図画に記載・表示されていないものとされます。

〔公職選挙法271条の6関係〕

▶ 電磁的記録媒体

文書図画を記録した電磁的記録媒体（DVD等）の頒布は、文書図画の頒布とみなされます。

〔公職選挙法271条の6関係〕

選挙運動費用

出納責任者

ポイント

罰則▶P157

▶ 出納責任者とは、選挙運動の収支についていっさいの責任と権限を持つ人をいいます。比例代表選挙の名簿登載者（特定枠の名簿登載者を除く）および選挙区選挙の候補者は、出納責任者１名を選任し、比例代表選挙においては中央選挙管理会に、選挙区選挙においては都道府県の選挙管理委員会（合同選挙区は参議院合同選挙区選挙管理委員会）に届け出なければなりません。出納責任者の選任届出をしないうちに、出納責任者が寄附を受けたり支出をすることはできません。

〔公職選挙法180条、184条関係〕

▶ 出納責任者は、候補者が選任するのが一般的ですが、候補者自らが出納責任者になることもできます。また、候補者のほか、選挙区選挙における推薦届出者・比例代表選挙における名簿届出政党等が候補者の承諾を得て出納責任者を選任し、もしくは推薦届出者が候補者の承諾を得て自ら出納責任者となることもできます。

〔公職選挙法180条関係〕

▶ 出納責任者に解任や辞任などの異動があったときは、出納責任者の選任者は、比例代表選挙においては中央選挙管理会に、選挙区選挙においては都道府県の選挙管理委員会（合同選挙区は参議院合同選挙区選挙管理委員会）に、すぐに文書で届け出なければなりません。名簿届出政党等または推薦届出人が出納責任者を解任した場合には、併せて候補者の承諾書を提出しなければなりません。

〔公職選挙法181条、182条関係〕

▶ 出納責任者が死亡したり病気やけがで入院したことなどにより、その職務を遂行できない場合には、次のとおり出納責任者の職務を代行する者が選任されます。

• 候補者または名簿届出政党等が出納責任者を選任した場合および推薦届出者が自ら出納責任者となった場合は、候補者自

身が出納責任者の職務を行います。

- 推薦届出者が出納責任者を選任した場合は、当該推薦届出者が出納責任者の職務を行います。この場合において、当該推薦届出者も出納責任者の職務を遂行できない場合には、候補者が出納責任者の職務を行います。

〔公職選挙法183条関係〕

ポイント

▶ 出納責任者は会計帳簿を作成し、候補者の選挙運動に関するすべての寄附および収支を会計帳簿に記載しなければなりません。

〔公職選挙法185条関係〕

▶ 出納責任者以外の者が選挙運動のための寄附を受けたときは、寄附を受けた日から7日以内に（出納責任者から提出を求められたときはすぐに）、その明細書を出納責任者に提出しなければならず、提出のないときは出納責任者が提出を求めなければなりません。
また、候補者が立候補届出前に受けた寄附については、候補者の届出後直ちに出納責任者に明細書を提出しなければならないことになっています。

〔公職選挙法186条関係〕

▶ 出納責任者は、選挙運動に関するすべての支出について支出を証明する書面（領収書など）を徴収しなければなりません。
なお、自動券売機で購入した乗車券などのように通常は領収書が発行されない場合などには、例外的にこれを徴収しなくてもよいことになっています。ただしその場合には、その旨、金額、年月日、目的を記載した書面を選挙運動費用収支報告書に添付して提出しなければなりません。また、候補者や出納責任者と意思を通じて支出した者は、領収書を徴収したらすぐに出納責任者に送付しなければなりません。

〔公職選挙法187条、188条関係〕

▶ 出納責任者は、選挙運動に関するすべての寄附および収支について記載した報告書（選挙運動費用収支報告）を、比例代表選挙においては中央選挙管理会に、選挙区選挙においては都道

府県の選挙管理委員会（合同選挙区は参議院合同選挙区選挙管理委員会）に、投票日から15日以内に添付資料とともに提出しなければなりません。清算後になされた寄附および収支については、その寄附および収支がなされた日から7日以内に提出しなければならないこととされています。　〔公職選挙法189条関係〕

▶ 出納責任者は、会計帳簿、明細書、支出を証明する書面（領収書など）を、収支報告書を提出した日から3年間、保存しなければなりません。　〔公職選挙法191条関係〕

法定選挙運動費用

ポイント

罰則 ▶ P156

▶ 選挙区選挙においては候補者が、比例代表選挙においては名簿登載者（特定枠の名簿登載者を除く）が選挙運動のために使うことができる費用の最高額（法定制限額）が定められています。　〔公職選挙法194条関係〕

▶ 法定制限額は、選挙期日の公示日に、比例代表選挙においては中央選挙管理会が、選挙区選挙においては各都道府県の選挙管理委員会（合同選挙区は参議院合同選挙区選挙管理委員会）が告示しますが、あらかじめその法定制限額を知っておきたい場合には、次のように算出することができます。

選挙区選挙 ▶

$$法定制限額^{*1}＝A^{*2}×人数割額^{*3}＋固定額^{*4}$$

＊1　A×人数割額が固定額の1.5倍を超えるときは、法定制限額は固定額の2.5倍の額となります

＊2　A＝（公示日におけるその選挙区内の選挙人名簿登録者数）÷（選挙区内の議員定数）

＊3　人数割額は、議員定数が2人の選挙区は13円。4人以上の選挙区は20円

＊4　固定額は、2,370万円（北海道のみ 2,900万円）

比例代表選挙 ▶

| 法定制限額＝5,200万円 |

〔公職選挙法194条、196条関係〕

▶ 上記の算定式は、通常選挙の場合です。選挙の一部無効による
再選挙や繰延投票の際の法定制限額は、公職選挙法施行令によ
り別に定められています。

〔公職選挙法195条関係〕

弁当の提供

ポイント

罰則▶P148

▶ 選挙区選挙の候補者および比例代表選挙の名簿登載者（特定枠
の名簿登載者を除く）に限り、選挙事務所で弁当を提供すること
ができます。比例代表選挙の名簿届出政党等は提供できません。

〔公職選挙法139条関係〕

▶ 選挙事務所で提供できる弁当は、立候補の届出をしたときから
投票日の前日までに、選挙運動員（応援弁士を含む）と労務者
（選挙運動用自動車・船舶の運転手や船員を含む）に対し、選
挙事務所で食べるためまたは携行するために、選挙事務所で渡
すものだけに限られます。

〔公職選挙法139条関係〕

▶ 選挙運動期間中に1人の候補者が提供できる弁当の総数（選挙
事務所が1ヵ所の場合）は、次の範囲内に限られます。

| 総数　＝　45食* 　×　 17日分（選挙運動期間分） |

＊選挙事務所が2ヵ所の場合は63食、3ヵ所なら81食、4ヵ所なら99食

〔公職選挙法139条関係〕

▶ 弁当の価格は、比例代表選挙については中央選挙管理会が、選

挙区選挙については都道府県の選挙管理委員会（合同選挙区は参議院合同選挙区選挙管理委員会）が告示する弁当料の範囲内でなければなりません。基準額は1人につき、1食当たり1,000円以内かつ1日当たり3,000円以内です。

〔公職選挙法197条の2関係〕

(ケース解説) ▶ **弁当を1日45食以上提供してもよいか**

総数以内であれば、選挙運動期間中にどのような配分で弁当を提供してもかまいません。例えば、1人につき夕食だけと決めてより多くの人に提供したり、選挙運動の序盤は提供しないで終盤になってから多人数に提供することもできます（ただしこの場合も、1人につき提供できるのは、1食当たり1,000円以内かつ1日当たり3,000円以内に限られます）。

▶ **飲食店で運動員に飲食させることはできるか**

提供が認められているのは、選挙事務所内で渡す弁当のみです。飲食物の提供の禁止に当たり、罰せられます。

実費弁償の支給

ポイント

▶ 実費弁償とは、選挙運動員などが実費で支払った分を後で弁償することをいいます。選挙区選挙の候補者および比例代表選挙の名簿登載者（特定枠の名簿登載者を除く）が行う実費弁償の額には制限があり、制限額を超えて支給すると買収の推定を受けます。

▶ 候補者が支給できる実費弁償の額は、名簿登載者については中央選挙管理会が、候補者については各都道府県の選挙管理委員会（合同選挙区は参議院合同選挙区選挙管理委員会）が告示する制限額の範囲内でならなければなりません。1人当たりの制限額は支給対象者に応じて異なり、その基準は次のとおりです。

①選挙運動に従事する者

●鉄道賃・船賃・車賃は、実費額（制限なし）
●宿泊料（食事料2食分を含む）は、1夜につき12,000円
●弁当料は、1食につき 1,000円、1日につき 3,000円
　ただし、選挙事務所において弁当を支給した場合は、
　当該弁当の実費相当額を差し引いた額
●茶菓料は、1日につき 500円

②選挙運動のために使用する労務者*

●鉄道賃・船賃・車賃は、実費額（制限なし）
●宿泊料（食事料を除く）は、1夜につき10,000円

＊選挙運動のために使用する労務者‥‥選挙運動を行うことなく、立候補準備行為や選挙運動に付随して行う単純な機械的労務（例えば、証紙貼り、葉書の宛名書きや発送、看板の運搬など）に従事する人です。

〔公職選挙法197条の2関係〕

▶ 比例代表選挙の名簿届出政党等には、実費弁償の支給に関する制限は適用されませんので、選挙運動に従事する者や労務者に対して、社会通念上妥当と考えられる額の実費弁償を支給することができますが、それを超えて支給すると、やはり買収の推定を受けます。

報酬の支給

ポイント

▶ 報酬とは役務に対する給付をいい、比例代表選挙の名簿登載者（特定枠の名簿登載者を除く）および選挙区選挙の候補者は、選挙運動のために使用する事務員・車上等運動員・手話通訳者・要約筆記者・労務者に対して、一定の制限の下、報酬を支給することができます。

〔公職選挙法197条の2関係〕

▶ 事務員・車上等運動員・手話通訳者・要約筆記者に対して報酬を支給する場合は、あらかじめ候補者は各都道府県の選挙管理委員会（合同選挙区は参議院合同選挙区選挙管理委員会）に、名簿登載者は中央選挙管理会に届け出る必要があります。

〔公職選挙法197条の2関係〕

▶ 支給することができる報酬の額は、名簿登載者については中央選挙管理会が、候補者については都道府県の選挙管理委員会（合同選挙区は参議院合同選挙区選挙管理委員会）が告示する制限額の範囲内でならなければなりません。これを超えて支給すると、買収の推定を受けることとなります。1人1日当たりの制限額および制限人数は、支給対象者に応じて次のように異なります。

①選挙運動に従事する者

●選挙運動のために使用する事務員　　　10,000円以内
●車上等運動員・手話通訳者・要約筆記者　15,000円以内
●1日50人まで・期間内総数250人まで

＊選挙運動のために使用する事務員…選挙運動に関する事務に従事するために
　雇われた人

＊車上等運動員…いわゆる「うぐいす嬢」のように、選挙運動用自動車・船舶
　に乗って連呼行為などの選挙運動をすることを本来の職務として雇われた人

＊期間内総数…支給者を届け出たときから投票日の前日までの間に報酬を支給
　できる延人数です。すなわち、最大250人まで異なる人を届け出て支給するこ
　とができます。

②選挙運動のために使用する労務者

●基本日額　　　　　　　　　　　　　　10,000円以内
　ただし、選挙事務所において弁当を支給した場合は、
　当該弁当の実費相当額を差し引いた額
●超過勤務手当　　　　　　　　基本日額の五割以内

〔公職選挙法197条の2関係〕

ポイント ▶ 比例代表選挙の名簿届出政党等は、事務員、車上等運動員、手話通訳者、要約筆記者であっても選挙運動に従事する者に対しては、報酬を支給することができません。労務者に対しては、報酬の支給に関する制限は適用されませんので、社会通念上妥当と考えられる額の範囲内で報酬を支給することができますが、それを超えて支給すると、やはり買収の推定を受けます。

5

選挙運動期間
中の政治活動

確認団体の政治活動

規制を受ける政治活動

ポイント ▶ 参議院議員の通常選挙、再選挙、補欠選挙においては、選挙期日の公（告）示の日から投票日の間に限り、政党その他の政治活動を行う団体は、次の政治活動を行うことはできません。

ただし、確認団体のみ、一定の制限の下に①～⑦の政治活動を行うことができます。

①政談演説会の開催

②街頭政談演説の開催

③宣伝告知のための自動車・拡声機の使用

④ポスターの掲示

⑤立札・看板の類（事務所で掲示するものを除く）の掲示

⑥ビラの頒布

⑦連呼行為

⑧掲示または頒布する文書図画（新聞・雑誌、インターネット等を除く）における特定の候補者の氏名または氏名類推事項の記載

⑨国・地方公共団体が所有・管理する建物（職員住宅・公営住宅を除く）における文書図画（新聞・雑誌を除く）の頒布（郵便・新聞折込みによる頒布を除く）

〔公職選挙法201条の6、201条の7、201条の13関係〕

ケース解説 ▶ **確認団体とは何か**

確認団体とは次のいずれかの要件を満たす政治団体で、総務大臣の確認書の交付を受けた団体をいいます。

①参議院名簿届出政党等であること

②通常選挙においては全国を通じて10人以上、再選挙または補欠選挙においては1人の所属候補者を有すること

政談演説会

ポイント ▶ 政談演説会とは、政治活動を行う団体が政策の普及や宣伝のために、不特定多数の者を集めて行う演説会をいいます。定期大会

罰則▶P159

や支部発会式のように、外部に対する政策の普及宣伝を目的としないものは政談演説会ではありませんが、一般選挙人に対して参加を働きかけるような場合は政談演説会と認められます。以下、選挙運動期間に確認団体が行う政談演説会について説明します。

▶ 確認団体が開催できる政談演説会は、衆議院小選挙区ごとに1回に限られます。

〔公職選挙法201条の6関係〕

▶ 政談演説会を開催しようとする確認団体は、演説会場の所在する都道府県の選挙管理委員会にあらかじめ届け出なければなりません。

▶ 確認団体が開催する政談演説会では、政策の普及や宣伝のほか、従たる程度で候補者（比例代表選挙における、特定枠の名簿登載者を除く）の推薦・支持など選挙運動のための演説をしたり、候補者自らが選挙運動のための演説をすることもできます。

〔公職選挙法201条の11関係〕

▶ 政談演説会の会場では、政治活動のための連呼行為をすることができますが、選挙運動のための連呼行為は禁止されます。

〔公職選挙法201条の13関係〕

▶ 他の選挙が重複して行われている場合には、他の選挙の投票日当日に限り、投票所、共通投票所を閉じる時刻までの間は、投票所、共通投票所を設けた場所の入口から300m以内の区域で政談演説会を開催することはできません。

〔公職選挙法201条の12関係〕

▶ 政談演説会の会場内に掲示できるポスターには規格・枚数などに制限がありますが、横断幕、懸すい幕、立札、看板、ちょうちん、のぼり、旗などの掲示には制限がなく、これらは会場内で自由に掲示することができます。

〔公職選挙法201条の6関係〕

街頭政談演説

ポイント

罰則▶P159

▶ 街頭政談演説とは、政治活動を行う団体が、街頭や公園などで政策の普及や宣伝のために行う演説をいいます。
以下、選挙運動期間に確認団体が行う街頭政談演説について説明します。

▶ 街頭政談演説は、停止した自動車の車上およびその周囲で行わなければなりません。
ただし、その場合でも開催の予告をし、ある程度一般の交通から遮断された場所で多数の聴衆を集めて行うものは、政談演説会としての規制を受けます。

〔公職選挙法201条の6関係〕

▶ 街頭政談演説は、午前8時から午後8時までの間に限り、開催することができます。

▶ 街頭政談演説を行うときは、同じ場所に長時間とどまらないように努めなければなりません。また、学校、病院、診療所、その他の療養施設の周辺で行うときは、授業や診療を妨げないために、静かに演説するよう努めなければなりません。
なお、他の選挙が重複して行われている場合には、他の選挙の投票日当日に限り、投票所、共通投票所を閉じる時刻までの間は、投票所、共通投票所を設けた場所の入口から300m以内の区域で街頭政談演説を行うことはできません。

〔公職選挙法201条の12関係〕

▶ 街頭政談演説では、政策の普及や宣伝のほか、従たる程度で候補者（比例代表選挙における、特定枠の名簿登載者を除く）の推薦・支持など選挙運動のための演説をしたり、候補者自らが選挙運動のための演説をすることもできます。

〔公職選挙法201条の11関係〕

▶ 街頭政談演説の場所では、政治活動のための連呼行為をすることができますが、選挙運動のための連呼行為は禁止されます。

〔公職選挙法201条の13関係〕

政治活動用自動車・拡声機

罰則▶P159

ポイント

▶ 政治活動用自動車とは、政策の普及や宣伝（政党その他の政治団体が発行する新聞紙、雑誌、書籍、パンフレットの普及宣伝を含む）および演説の告知のために使用する自動車をいいます。以下、選挙運動期間に確認団体が使用する政治活動用自動車・拡声機について説明します。

▶ 通常選挙で確認団体が使用できる政治活動用自動車の台数は、本部・支部を通じて6台以内で、所属候補者数（参議院名簿登載者数を含む）が10人を超える確認団体は、5人増えるごとに1台をこれに加えた台数以内に限られます（例えば、所属候補者数等が15〜19人の確認団体は7台、20〜24人の確認団体は8台以内）。
再選挙・補欠選挙の場合は、所属候補者数または参議院名簿登載者数にかかわらず1台（合同選挙区は2台）に限られます。なお、車種の制限はありません。

〔公職選挙法201条の6、201条の7関係〕

罰則▶P160

▶ 政治活動用自動車には、確認書と共に交付される政治活動用自動車であることを証する表示板を、冷却器の前面など外部から見やすい箇所に使用中常に掲示しておかなければなりません。

〔公職選挙法201条の11関係〕

▶ 確認団体は、政策の普及や宣伝（政党その他の政治団体が発行する新聞、雑誌、書籍、パンフレットの普及宣伝を含む）および演説の告知のために、次の場所で使用する場合に限り、拡声機を使用することができます。なお、種類や数の制限はありません。
①政談演説会の会場
②街頭政談演説（政談演説を含む）の場所
③政治活動用自動車の車上

〔公職選挙法201条の6関係〕

ポスターの掲示

ポイント

罰則▶P159

▶ 通常選挙の選挙運動期間に確認団体が掲示できるポスターは、85cm×60cm以内のものに限られます。掲示できる枚数は7万枚以内（所属候補者数（名簿登載者数を含む）が10人を超える確認団体は、5人増えるごとに5千枚をこれに加えた枚数以内）です。また、選挙区選出議員の再選挙・補欠選挙の場合は、所属候補者数にかかわらず、衆議院小選挙区ごとに5百枚以内に限られます。

なお、確認団体のシンボルマークのみを表示したポスターもこれらの制限を受けます。

〔公職選挙法201条の5、201条の6、201条の7関係〕

罰則▶P160

▶ ポスターには、総務大臣（選挙区選出議員の再選挙・補欠選挙の場合は、都道府県の選挙管理委員会）の証紙・検印がなければなりません。

また、ポスターの表面には、確認団体の名称のほか、掲示責任者および印刷者の氏名（法人にあっては名称）・住所を記載しなければなりません。

▶ 国・地方公共団体が所有・管理する建物や、不在者投票管理者の管理する投票記載場所にはポスターを掲示することはできませんが、承諾があれば、次の場所には掲示できます。
①橋りょう、電柱
②公営住宅（県営住宅や市営住宅などをいい、公営住宅に隣接する集会場などの共同施設や官舎・公舎には掲示不可）
③地方公共団体の管理する食堂や浴場

〔公職選挙法201条の11関係〕

▶ ポスターには、政策などのほか、名簿届出政党等または所属候補者の選挙運動にわたる内容を記載することもできます。

ただし、特定の候補者の氏名および氏名類推事項の記載は禁止されるため、例えば政談演説会告知用ポスターに弁士としてその氏名を記載することはできません。

〔公職選挙法201条の6、201条の13関係〕

立札・看板の類の掲示

ポイント

罰則▶P159

▶ 確認団体は、選挙運動期間中に本部および支部の事務所で立札・看板の類を掲示できるほか、次の場合にもこれらを掲示できます。
①政談演説会の告知用として街頭などに掲示する
②政談演説会の会場内に掲示する
③政治活動用自動車に取り付けて使用する
なお、確認団体のシンボルマークのみを表示した立札・看板もここに記述する制限を受けます。

〔公職選挙法201条の5、201条の6関係〕

▶ 立札・看板の類を政談演説会の告知用として使用する場合は、1つの政談演説会ごとに5個以内に限られます。
ただし、政談演説会の会場内で使用する場合は、個数制限はありません。
また、いずれも規格の制限はありません。

〔公職選挙法201条の6関係〕

罰則▶P160

▶ 政談演説会告知用の立札・看板の類には、演説会場の所在する都道府県の選挙管理委員会が定める表示をしなければなりません。
また、その表面には、掲示責任者の氏名・住所を記載しなければなりません。

▶ 国・地方公共団体が所有・管理する建物や、不在者投票管理者の管理する投票記載場所には立札・看板の類を掲示することはできませんが、承諾があれば、次の場所には掲示できます。
①橋りょう、電柱
②公営住宅（県営住宅や市営住宅などをいい、公営住宅に隣接する集会場などの共同施設や官舎・公舎には掲示不可）
③政談演説会の会場内・会場前、公園、広場、緑地、道路

〔公職選挙法201条の11関係〕

▶立札・看板の類には、選挙運動にわたる内容を記載することはできません。政策の普及宣伝等純粋な政治活動に関する内容に限られます。

また、特定の候補者の氏名および氏名類推事項を記載することもできません。

〔公職選挙法201条の6、201条の13関係〕

ビラの頒布

ポイント

罰則▶P159

▶確認団体が選挙運動期間中に頒布（散布を除く）できるビラは、総務大臣（選挙区選出議員の再選挙・補欠選挙の場合は、都道府県の選挙管理委員会）に届け出た3種類以内に限られます。枚数には制限はありません。

なお、確認団体のシンボルマークだけを表示したビラもこの制限を受けます。

〔公職選挙法201条の5、201条の6、201条の7関係〕

罰則▶P160

▶ビラの表面には、確認団体の名称、選挙の種類、公職選挙法上の法定ビラであることを表示する記号を記載しなければなりません。

〔公職選挙法201条の11関係〕

▶ビラには、政策などのほか、名簿届出政党等または所属候補者の選挙運動にわたる内容を記載することもできます。

ただし、特定の候補者の氏名および氏名類推事項の記載は禁止されます。

〔公職選挙法201条の6、201条の13関係〕

その他の規制

政治活動用ポスターの撤去

ポイント

罰則▶P160

▶ 政党その他の政治活動を行う団体が選挙期日の公示前に掲示した政治活動用ポスターのうち、そこに氏名や氏名類推事項が記載されている者が候補者になったポスターについては、その者が候補者となった日のうちに当該選挙区において、撤去しなければなりません。

〔公職選挙法201条の14関係〕

機関新聞紙・機関雑誌の発行

ポイント

罰則▶P159

▶ 政党その他の政治団体が発行する新聞・雑誌（機関紙誌）は、選挙期日の公示の日から投票日までの間に限り、次のすべての要件を備えたものだけが当該選挙に関する報道・評論を掲載することができます。
　①確認団体の本部で直接発行するもの
　②通常の方法（機関新聞紙については政談演説会場での頒布を含む）で頒布するもの
　③総務大臣に届け出た機関紙誌で、各1種類に限る

▶ 上記の要件をすべて満たしても、号外、臨時号、増刊号、その他臨時に発行するものには、選挙に関する報道・評論や特定の候補者の氏名および氏名類推事項の掲載はできません。
また、引き続き発行されている期間が6ヵ月に満たないものは、政談演説会の会場における頒布しかできません（機関雑誌については、政談演説会での頒布実績がない場合は頒布できません）。

〔公職選挙法201条の15関係〕

推薦演説会の開催

ポイント

罰則▶P158

▶ 選挙区選挙において、確認団体である政党その他の政治団体に所属する候補者以外の候補者を推薦・支持する政党その他の政治団体で、都道府県の選挙管理委員会（合同選挙区は参議院合同選挙区選挙管理委員会）から確認書の交付を受けたもの（推薦団体）は、選挙運動期間中、推薦演説会を開催することができます。

▶ 推薦演説会の開催は、推薦・支持する候補者（推薦候補者）の属する選挙区ごとに、その推薦候補者の数の4倍（合同選挙区は8倍）に相当する回数以内に限られます。

▶ 推薦演説会は、国・地方公共団体が所有・管理する建物においても開催することはできますが、次の場所では開催できません。
①電車・バスなどの車中、停車場、鉄道敷地内
②病院、診療所、その他の療養施設

▶ 推薦演説会の会場では、会場ごとに5百枚以内に限り、推薦演説会周知用ポスター（42cm×30cm以内）を使用することができます。
掲示場所の制限については、確認団体のポスターの掲示と同様です(P90参照)。
なお、屋内の推薦演説会の会場内において、開催中映写等の類を掲示することができます。

▶ 推薦演説会周知用ポスターには、都道府県の選挙管理委員会（合同選挙区は参議院合同選挙区選挙管理委員会）の証紙・検印がなければなりません。
また、その表面には、推薦団体の名称、掲示責任者および印刷者の氏名（法人にあっては名称）・住所を記載しなければなりません。
なお、当該選挙区の特定の候補者の氏名および氏名類推事項を記載することはできません。

▶ 推薦演説会の開催中、会場ごとに2枚以内に限り、会場の外に
ポスターや立札・看板の類（273cm×73cm以内）を掲示する
こともできます。これらの表面には、推薦団体の名称および掲
示責任者の氏名・住所を記載しなければなりません。

〔公職選挙法201条の4関係〕

ケース解説 ▶ **推薦団体とは**

推薦団体になるためには、推薦候補者の同意書を添えて当該選
挙に関する事務を管理する都道府県の選挙管理委員会（合同選
挙区は参議院合同選挙区選挙管理委員会）に申請し、確認書の
交付を受けなければなりません。

▶ **候補者は複数の団体の推薦候補者となることができるか**

できません。一の団体の推薦候補者とされた者は、さらに別の
団体の推薦候補者とされることはできません。

6

当　選

当選人の決定など

当選人の決定

ポイント ▶ 参議院議員選挙における当選人は、次の方法により定められます。

選挙区選挙 ▶ 得票数の多い候補者からその選挙区の定数に達するまでの者が当選人となります。
ただし、次に説明する法定得票数に達していなければ、当選人となることはできません。

比例代表選挙 ▶ まず、名簿届出政党等の得票数（当該名簿届出政党等に係る名簿登載者の得票数を含む）に応じてドント式により各名簿届出政党等の当選人数が決定されます。

▶ 次に、それぞれの名簿届出政党等において当選人となるべき順位は、得票数がもっとも多い名簿登載者から順次に定められます（特定枠の名簿登載者がいる場合は、その他の名簿登載者の当選人となるべき順位より上位となります）。名簿登載者の得票数が同じである場合は、選挙長がくじで当選人となるべき順位を定めます。

▶ 当選人となるべき順位に従い、名簿届出政党等ごとの当選人数に相当する数の名簿登載者が当選人となります。

〔公職選挙法95条、95条の3関係〕

法定得票数

ポイント ▶ 選挙区選挙では、最多得票数の人でも、一定の得票数（法定得票数）に達していなければ当選できません。

$$法定得票数 = \frac{有効投票総数}{選挙区の定数^*} \times \frac{1}{6} 以上$$

＊選挙すべき議員の数が通常選挙における当該選挙区の定数を超える場合は、その議員の数で除します。

〔公職選挙法95条関係〕

供託金の没収

ポイント ▶ 選挙区選挙においては、一定の得票数に達しなかった場合は、供託金は全額没収されます。

選挙区選挙 ▶

$$供託物没収点 = \frac{有効投票総数}{選挙区の定数^*} \times \frac{1}{8} 以上$$

＊選挙すべき議員の数が通常選挙における当該選挙区の定数を超える場合は、その議員の数で除します。

▶ 比例代表選挙においては、一定の当選人数に達しなかった場合は、次のように供託金の一部が没収されます。

比例代表選挙 ▶

$$没収額 = \{名簿登載者数 - (当選人数 \times 2)\} \times 600万円$$

〔公職選挙法93条、94条関係〕

選挙期日後の挨拶行為の制限

ポイント ▶ 選挙が終わった後でも、選挙人に対する当選または落選の挨拶として、次の行為をしてはいけません。

罰則▶P158
①戸別訪問すること
②挨拶状を出すこと（自筆の信書または答礼目的の信書やインターネット等を利用する方法で頒布される文書図画を除く）
③感謝の言葉などを記載した文書図画を掲示すること
④新聞や雑誌に挨拶広告を出すこと
⑤テレビやラジオを通じて挨拶広告を放送すること
⑥当選祝賀会やその他の集会を開催すること
⑦自動車を連ねて往来するなど、気勢を張る行為をすること

⑧当選のお礼に、当選人の氏名や政党名などを言い歩くこと

〔公職選挙法178条関係〕

当選人の失格など

被選挙権の喪失による当選人の失格

ポイント ▶ 当選人が議員の身分を取得するまでの間に被選挙権を失ったときは、当選の資格を失います。

〔公職選挙法99条関係〕

所属政党等の移動による当選人の失格

ポイント ▶ 比例代表選挙における当選人が、選挙期日以後（繰上補充の場合は当選人となった日以後）に、その選挙における他の名簿届出政党等に所属したときは、当選の資格を失います。

〔公職選挙法99条の2関係〕

兼職禁止の職にある当選人の失格

ポイント ▶ いわゆる単純労務に従事する地方公務員のように、在職のまま立候補できる公務員であっても、法律で参議院議員との兼職を禁止された者が当選したときは、当選の告知を受けたときから当該公務員の職を失ったものとみなされて当選が確定します。ただし、更正決定または繰上補充により当選人とされたときは、当選の告知を受けた日から5日以内に、選挙区選挙に係るものにあっては各都道府県の選挙管理委員会（合同選挙区は参議院合同選挙区選挙管理委員会）に、比例代表選挙に係るものにあっては中央選挙管理会に、当該公務員の職を辞した旨を届け出ないと、当選の資格を失います。

〔公職選挙法103条関係〕

ケース解説 ▶ **更正決定による当選とは**

当選争訟の結果、選挙会が当初定めた当選人の当選が無効となり、他の候補者をもって当選人と定めうる場合は、選挙会は当選人の決定のやり直しを行います。これを当選人の更正決定といい、当選争訟の手続きを経て、その結果が確定した時点で新たな当選人が決定されます。

当選の無効

ポイント ▶ 公職選挙法に違反すれば、当選人の当選が無効となることがあります。当選が無効となるケースは、大きく分けて、候補者自身による違反行為による場合と、連座制による場合(P118参照)とがあります。

候補者等の違反行為による当選無効

ポイント ▶ 候補者自身が公職選挙法に違反して刑に処された場合、たとえ当選人となっても裁判の確定と同時に当選が無効となります。ただし、一部の犯罪を除きます。

〔公職選挙法251条関係〕

7

寄　附

寄附の禁止

候補者等の寄附の禁止

ポイント

罰則▶P161

▶ 候補者等（候補者・立候補予定者・公職にある者）は、選挙区または選挙の行われる区域内にある者に対して、次の場合を除いて、寄附が禁止されます。

①政党その他の政治団体、またはその支部に対する寄附

ただし、自分の後援団体には、一定期間、寄附をすることが禁止されます(P108参照)。

②候補者等の親族（配偶者、6親等内の血族、3親等内の姻族）に対する寄附

③候補者等が専ら政治上の主義や施策を普及するために選挙区または選挙の行われる区域内で行う政治教育集会（講習会など）に関する必要最小限度の実費補償（食事についての実費補償を除く）

ただし、任期満了日の90日前から選挙期日の間に行われる政治教育集会については、実費補償をすることはできません。また、供応接待（酒食などを振る舞ったり旅行に招待することなど）を伴う政治教育集会についても、実費補償をすることはできません。

〔公職選挙法199条の2関係〕

▶ 中元、歳暮、入学祝、出産祝、花輪、供花、香典、餞別、社会福祉施設に対する寄附なども、すべて禁止されます。

ただし、候補者等本人が出席する結婚披露宴の祝儀や葬儀・通夜の香典（選挙に関するものや通常一般の社交の程度を超えるものを除く）については、その場で相手に渡す場合に限り、罰則の対象とはなりません。

〔公職選挙法199条の2、249条の2関係〕

▶ 候補者等がこれらに違反して寄附をすると、刑罰が科されるとともに、当選が無効となったり、選挙権と被選挙権が一定期間停止されることがあります(P166参照)。被選挙権を失うと、公職の候補者はその身分を失います（立候補が取り消されます）。

〔公職選挙法199条の2、249条の2関係〕

ケース解説 ▶ **選挙区内の子供に寄附してもよいか**

選挙権の有無にかかわらず、選挙区または選挙の行われる区域内にある者への寄附は一切禁止されており、子供に対しても寄附をしてはいけません。また、選挙区内にある者には、自然人だけではなく、法人や人格なき社団、選挙区内に住所をもたない一時的な滞在者も含まれます。

▶ **「必要最小限度の実費補償」とは、例えばどのようなものか**

政治教育集会の参加者が出席するために最小限必要な交通費、宿泊費等の実費です。

▶ **候補者が出席する葬儀で香典がわりに線香を渡してよいか**

葬儀や通夜に候補者本人が出席した際に香典を手渡すことには罰則はありませんが、この場合の香典は金銭に限られます。したがって、香典がわりに線香をもっていったり、花輪や供花を出すことは罰則の対象となります。

▶ **候補者の妻が葬儀に出席して候補者の香典を渡してよいか**

候補者等が出席する場合に限って罰則を適用しないこととされているのであり、たとえ代理であっても、本人以外の人が候補者等の香典を渡すことは罰則の対象となります。

▶ **候補者が妻や後援会の名義で選挙人に寄附してもよいか**

候補者等が選挙区内にある者に対してする寄附は、名義に関係なく禁止されるため、妻や後援会などの名義であっても寄附できません。

▶ **候補者が自分の財産を国や地方公共団体に寄附してよいか**

自分の選挙区となる市区町村、その市区町村を包括する都道府県、国に対して寄附をすることはできません。

▶ **候補者が葬儀の際に僧侶にお布施を出すことは寄附になるか**

読経などの役務の提供に対する対価である限り、寄附には当たりません。

候補者等を名義人とする寄附の禁止

ポイント

罰則▶P161

▶ 候補者等以外の者が、候補者等の選挙区内にある者に対して、候補者等の名義で寄附をすることは、次の場合を除き、いっさい禁止されます。

①候補者等の親族（配偶者、6親等内の血族、3親等内の姻族）に対する寄附

②候補者等が専ら政治上の主義や施策を普及するために選挙区または選挙の行われる区域内で行う政治教育集会（講習会など）に関する必要最小限度の実費補償（食事についての実費補償を除く）

ただし、任期満了日の90日前から選挙期日の間に行われる政治教育集会については、実費補償をすることはできません。また、供応接待（酒食などを振る舞ったり旅行に招待することなど）を伴う政治教育集会についても、実費補償をすることはできません。　　　　　　　〔公職選挙法199条の2②関係〕

寄附の勧誘・要求の禁止

ポイント

罰則▶P163

▶ いかなる者も、候補者等に対して、「候補者等の寄附の禁止」における①～③の場合を除き、候補者等の選挙区または選挙の行われる区域内にある者に対する寄附を勧誘したり、要求してはいけません。
候補者等を威迫したり、候補者等の当選または被選挙権を失わせるために故意に勧誘したり要求すれば、罰則の対象となります。
　　　　　　　〔公職選挙法199条の2③・④関係〕

▶ いかなる者も、候補者等以外の者に対して、上記「候補者等を名義人とする寄附の禁止」における①・②の場合を除き、候補者等の名義で候補者等の選挙区または選挙の行われる区域内にある者に寄附するように勧誘したり、要求してはいけません。
候補者等以外の者を威迫して勧誘したり要求した場合は、罰則の対象となります。　　　　　　　〔公職選挙法199条の2関係〕

ケース解説 ▶ **町内会の役員が候補者に祭りへの寄附を要求してもよいか**

祭りへの寄附が地域住民の慣行となっている場合でも、候補者等に対して、勧誘したり要求してはいけません。

候補者等の関係会社等の寄附の禁止

ポイント ▶ 候補者等が役職員や構成員である会社・その他の法人・団体は、候補者等の選挙区内にある者に対して、候補者等の氏名を表示して寄附をしたり、候補者等の氏名が類推されるような方法で寄附をしてはいけません。

罰則▶P162

ただし、政党その他の政治団体やその支部に対する寄附については、禁止されません（政治資金規正法による制限があります）。

〔公職選挙法199条の3関係〕

ケース解説 ▶ **「氏名が類推されるような方法」とはどのような方法か**

例えば、候補者「甲山乙夫」が「甲山商事株式会社」の代表取締役である場合に社名を表示して寄附をする方法などです。

▶ **候補者が会長である団体が、候補者の氏名を表示した表彰状を選挙区内にある者に授与してもよいか**

表彰状の授与は寄附ではないため、差し支えありません。

ただし、候補者の氏名を表示した記念品などを贈ることはできません。また、候補者の氏名を表示した表彰状と一緒に渡す記念品は、氏名の表示の有無にかかわらず贈ることはできません。

▶ **選挙に関する寄附でなくても禁止されるか**

選挙に関する寄附か否かにかかわらず、候補者等の氏名を表示した寄附は禁止されます。

候補者等の氏名を冠した団体の寄附の禁止

ポイント

罰則▶P162

▶ 候補者等の氏名が表示されていたり、その氏名が類推されるような名称が表示されている会社・その他の法人・団体は、次の場合を除き、選挙区内の者に対して、選挙に関する寄附をしてはいけません（政治資金規正法による制限があります）。
①当該候補者等に対する寄附
②政党その他の政治団体やその支部に対する寄附

〔公職選挙法199条の4関係〕

後援団体に関する寄附の禁止

ポイント

罰則▶P163

▶ 後援団体とは、特定の候補者等の政治上の主義・施策を支持したり、それらの者を推薦・支持することを主な目的としている政治団体をいいますが、慈善団体や文化団体などのように政治活動を主な目的としていない団体でも、その団体の行う政治活動のなかで特定の候補者等を推薦・支持することが主な活動となっている場合には、後援団体に含まれます。

▶ 後援団体は、候補者等の選挙区または選挙の行われる区域内にある者に対して、次の場合を除き、いっさい寄附をしてはいけません。
①当該候補者等に対する寄附
②政党その他の政治団体やその支部に対する寄附
③後援団体がその団体の設立目的により行う行事や事業に関する寄附（ただし、花輪・供花・香典・祝儀の類の寄附や、任期満了日の90日前から選挙期日までの間の寄附は禁止されています）

〔公職選挙法199条の5関係〕

▶ いかなる者も、後援団体が開催する集会や後援団体が行う見学・旅行・その他の行事で、任期満了日の90日前から選挙期日までの間に限り、選挙区または選挙の行われる区域内にある者に対して、金銭や物品を供与したり供応接待をしてはいけません。

〔公職選挙法199条の5関係〕

▶ 候補者等は、任期満了日の90日前から選挙期日までの間は、自分の後援団体（資金管理団体であるものを除く）に対して寄附をしてはいけません。

〔公職選挙法199条の5関係〕

ケース解説 ▶ **「設立目的により行う行事や事業」とはどのようなものか**
その団体の設立目的の範囲内で行う総会やその他の集会、見学・旅行・その他の行事、印刷や出版などの事業をいいます。

▶ **後援会が集会の参加者に演劇などを鑑賞させてよいか**
映画や演劇の鑑賞など、相手に慰労快楽を与える行為は供応接待に当てはまるため、禁止されます。

国等と特別の関係にある者の寄附の禁止

ポイント

罰則▶P162

▶ 国と請負契約、その他特別の利益を伴う契約を結んでいる当事者は、個人・法人を問わず、参議院選挙に関して、寄附をしてはいけません。

▶ 金融機関から会社その他の法人が融資を受けている場合で、その金融機関がその融資について、国から利子補給金の交付の決定を受けた場合には、その会社・その他の法人は、交付の決定の通知を受けた日から交付完了日の1年後まで、参議院選挙に関して、寄附をしてはいけません。
ただし、会社、その他の法人が受けている融資が、試験研究、調査、災害復旧に係るものの場合には、寄附禁止の対象から除外されています。

〔公職選挙法199条関係〕

▶ いかなる者も、このような国と特別の関係にある者に対して、参議院選挙に関して、寄附を勧誘したり、要求してはいけません。また、これらの者から寄附を受けることもできません。

〔公職選挙法200条関係〕

ケース解説 ▶ **「請負契約」にはどのようなものがあるか**

土木事業などの請負契約のほか、物品の払下契約、物品の納入契約、特定の運送契約、施設の特別使用契約などです。

▶ **「特別の利益を伴う契約」とはどのようなものか**

利益率が通常の場合と比べて特に大きい契約や、利益率が通常と同じ程度でも特恵的・独占的な利益を伴う契約などです。

▶ **「選挙に関して」とは**

「選挙に際し、選挙に関する事項を動機として」という意味です。したがって、選挙運動資金や陣中見舞いを寄附することも禁止の対象となります。

▶ **利子補給金がまだ交付されていない会社は寄附してもよいか**

利子補給金が交付される場合は、まず会社が金融機関に融資を申請し、金融機関は国に対してその会社と利子補給金に係る契約を結ぶことの承諾を求め、承諾が得られた後に融資が行われます。実際に利子補給金が交付されていなくても、国から利子補給金の交付の決定の通知を受けた時点から、その会社は参議院選挙に関する寄附をできないことになります。

寄附の制限（政治資金規正法）

個人の寄附の制限

ポイント

罰則▶P164

▶ 個人が、政党・政治資金団体（政党のための資金援助を目的とする団体）に対して寄附できる年間限度額（総枠制限）は2,000万円です。1つの政党・1つの政治資金団体に対する年間限度額（個別制限）は定められていません。したがって、総枠制限の範囲内であれば自由に寄附をすることができます。

〔政治資金規正法21条の3関係〕

▶ 個人が、資金管理団体（政治家の政治資金を取り扱う政治団体）・その他の政治団体・政治家に対して寄附できる年間限度額（総枠制限）は 1,000万円で、1つの資金管理団体・1つのその他の政治団体・1人の政治家に対する年間限度額（個別制限）は150万円です。ただし、政治家に対する現金など（小切手、手形、商品券、株券、公社債券、その他）の寄附は、選挙の陣中見舞など選挙運動に関する寄附を除き、禁止されます。

〔政治資金規正法21条の2、21条の3、22条関係〕

▶ 個人が政党その他の政治団体の構成員として負担する党費や会費は、寄附に当たらないため、金額の制限はありません。また、遺贈による寄附についても金額の制限はありません。

〔政治資金規正法4条、22条関係〕

罰則▶P165

▶ 個人が、本人以外の名義や匿名により政治活動に関する寄附をしてはいけません。
ただし、政党や政治資金団体に対して、街頭や一般に公開される演説会などの会場でする1,000円以下の寄附については、匿名による寄附も認められます（政党匿名寄附）。

〔政治資金規正法22条の6関係〕

▶ いかなる者も、以上の制限に違反して寄附を受けてはいけません。違反すれば、公民権が停止されたり、政治団体に追徴金が科せられることがあります（政治団体の構成員が違反した場合）。

〔政治資金規正法28条、28条の2関係〕

会社などの団体の寄附の制限

ポイント

罰則▶P164

▶ 会社などの団体（会社、労働組合・職員団体、その他の団体）が、政党・政治資金団体に対して寄附できる年間限度額（総枠制限）は750万円〜1億円です（団体の規模などに応じて異なります）。1つの政党・1つの政治資金団体に対する年間限度額（個別制限）は定められていません。　〔政治資金規正法21条の3、22条関係〕

▶ 会社などの団体は、政党・政治資金団体以外の者に対して、寄附をすることはできません。　〔政治資金規正法21条関係〕

▶ 会社などの団体が政治団体の構成員として負担する党費や会費は、寄附とみなされるため、注意が必要です。

〔政治資金規正法5条関係〕

罰則▶P165

▶ 次のような会社などは、一定期間寄附が禁止されたり、いっさいの寄附が禁止されます。
①国や地方公共団体から補助金などを受けている法人（一定期間の寄附の禁止）
②国や地方公共団体から資本金の出資などを受けている法人（寄附の禁止）
③赤字会社（寄附の禁止）
④外国法人など（寄附の禁止）
⑤匿名の者（寄附の禁止）

〔政治資金規正法22条の3~6関係〕

▶ いかなる者も、以上の制限に違反して寄附を受けてはいけません。違反すれば、公民権が停止されたり、政治団体に追徴金が科せられることがあります（政治団体の構成員が違反した場合）。

〔政治資金規正法28条、28条の2関係〕

政治団体間の寄附の制限

ポイント

罰則▶P164

▶ 個々の政治団体（政党・政治資金団体を除く）間の寄附の年間限度額は5,000万円です。

会社の寄附の年間限度額

資本金の額または出資の金額	政党・政治資金団体に対する寄附
10億円未満	750万円
10億円以上 ～ 50億円未満	1,500万円
50億円以上 ～ 100億円未満	3,000万円
100億円以上 ～ 150億円未満	3,500万円
150億円以上 ～ 200億円未満	4,000万円
200億円以上 ～ 250億円未満	4,500万円
250億円以上 ～ 300億円未満	5,000万円
300億円以上 ～ 350億円未満	5,500万円
350億円以上 ～ 400億円未満	6,000万円
400億円以上 ～ 450億円未満	6,300万円
450億円以上 ～ 500億円未満	6,600万円
500億円以上 ～ 550億円未満	6,900万円
550億円以上 ～ 600億円未満	7,200万円
600億円以上 ～ 650億円未満	7,500万円
650億円以上 ～ 700億円未満	7,800万円
700億円以上 ～ 750億円未満	8,100万円
750億円以上 ～ 800億円未満	8,400万円
800億円以上 ～ 850億円未満	8,700万円
850億円以上 ～ 900億円未満	9,000万円
900億円以上 ～ 950億円未満	9,300万円
950億円以上 ～ 1,000億円未満	9,600万円
1,000億円以上 ～ 1,050億円未満	9,900万円
1,050億円以上	1億円

労働組合・職員団体の寄附の年間限度額

組合員または構成員の数	政党・政治資金団体に対する寄附
5万人未満	750万円
5万人以上 〜 10万人未満	1,500万円
10万人以上 〜 15万人未満	3,000万円
15万人以上 〜 20万人未満	3,500万円
20万人以上 〜 25万人未満	4,000万円
25万人以上 〜 30万人未満	4,500万円
30万人以上 〜 35万人未満	5,000万円
35万人以上 〜 40万人未満	5,500万円
40万人以上 〜 45万人未満	6,000万円
45万人以上 〜 50万人未満	6,300万円
50万人以上 〜 55万人未満	6,600万円
55万人以上 〜 60万人未満	6,900万円
60万人以上 〜 65万人未満	7,200万円
65万人以上 〜 70万人未満	7,500万円
70万人以上 〜 75万人未満	7,800万円
75万人以上 〜 80万人未満	8,100万円
80万人以上 〜 85万人未満	8,400万円
85万人以上 〜 90万人未満	8,700万円
90万人以上 〜 95万人未満	9,000万円
95万人以上 〜 100万人未満	9,300万円
100万人以上 〜 105万人未満	9,600万円
105万人以上 〜 110万人未満	9,900万円
110万人以上	1億円

その他の団体の寄附の年間限度額

前年における年間の経費の額	政党・政治資金団体に対する寄附
2千万円未満	750万円
2千万円以上 〜 6千万円未満	1,500万円
6千万円以上 〜 8千万円未満	3,000万円
8千万円以上 〜 1億円未満	3,500万円
1億円以上 〜 1億2千万円未満	4,000万円
1億2千万円以上 〜 1億4千万円未満	4,500万円
1億4千万円以上 〜 1億6千万円未満	5,000万円
1億6千万円以上 〜 1億8千万円未満	5,500万円
1億8千万円以上 〜 2億円未満	6,000万円
2億円以上 〜 2億2千万円未満	6,300万円
2億2千万円以上 〜 2億4千万円未満	6,600万円
2億4千万円以上 〜 2億6千万円未満	6,900万円
2億6千万円以上 〜 2億8千万円未満	7,200万円
2億8千万円以上 〜 3億円未満	7,500万円
3億円以上 〜 3億2千万円未満	7,800万円
3億2千万円以上 〜 3億4千万円未満	8,100万円
3億4千万円以上 〜 3億6千万円未満	8,400万円
3億6千万円以上 〜 3億8千万円未満	8,700万円
3億8千万円以上 〜 4億円未満	9,000万円
4億円以上 〜 4億2千万円未満	9,300万円
4億2千万円以上 〜 4億4千万円未満	9,600万円
4億4千万円以上 〜 4億6千万円未満	9,900万円
4億6千万円以上	1億円

＊「その他の団体」とは、各種の業界団体、宗教団体、文化団体、労働者団体、親睦団体などです（政治団体を除く）。

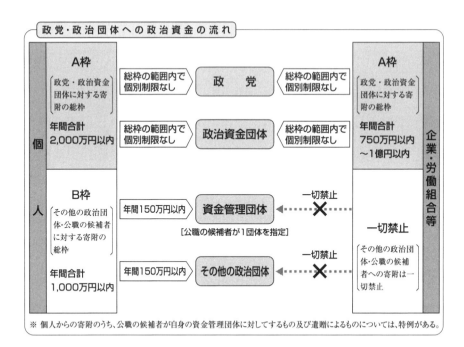

政党・政治団体への政治資金の流れ

A枠〔政党・政治資金団体に対する寄附の総枠〕年間合計 2,000万円以内	総枠の範囲内で個別制限なし	政 党	総枠の範囲内で個別制限なし	**A枠**〔政党・政治資金団体に対する寄附の総枠〕年間合計 750万円以内〜1億円以内	
	総枠の範囲内で個別制限なし	政治資金団体	総枠の範囲内で個別制限なし		
B枠〔その他の政治団体・公職の候補者に対する寄附の総枠〕年間合計 1,000万円以内	年間150万円以内	資金管理団体 [公職の候補者が1団体を指定]	一切禁止 ✕	**一切禁止**〔その他の政治団体・公職の候補者への寄附は一切禁止〕	
	年間150万円以内	その他の政治団体	一切禁止 ✕		

※ 個人からの寄附のうち、公職の候補者が自身の資金管理団体に対してするもの及び遺贈によるものについては、特例がある。

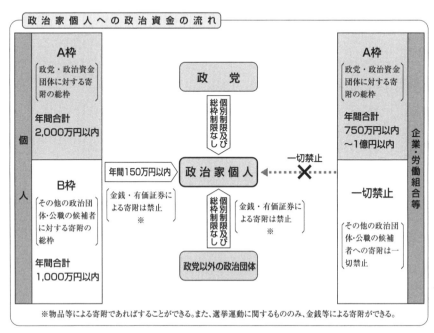

政治家個人への政治資金の流れ

※物品等による寄附であればすることができる。また、選挙運動に関するもののみ、金銭等による寄附ができる。

116

8

連　座　制

連座制

連座制とは

ポイント ▶ 連座制とは、候補者等と一定の関係にある者（親族など）や選挙運動で重要な役割を果たす者が、買収罪などの悪質な選挙違反を犯して刑に処せられた場合には、たとえ候補者等が買収などに関わっていなくても、当選が無効になるとともに、一定の立候補制限が科せられるという制度です。

▶ 比例代表選挙においては、名簿登載者（特定枠の名簿登載者を除く）のために行う選挙運動に限り、適用があります。

連座制Ⅰ（総括主宰者・出納責任者・地域主宰者）

ポイント ▶ 総括主宰者・出納責任者・地域主宰者が、次の①〜⑤の選挙犯罪を犯し、刑（執行猶予を含む。）に処せられると、裁判所から候補者にその旨が通知されます。候補者は通知を受けた日から30日以内に、検察官を被告として、これらの者が総括主宰者・出納責任者・地域主宰者に該当しないことなどを理由として、当選が無効とならないこと、または立候補制限が科せられないことの確認を求める訴訟を高等裁判所に提訴することができます。この訴訟に勝訴しない限り、候補者の当選は無効となり、さらに同じ選挙で同じ選挙区から5年間立候補できなくなります。したがって、通知を受けた日から30日以内に提訴しなかったり、途中で訴えを取り下げたり、原告の敗訴が確定した場合は、ただちに候補者の当選が無効となります（結審前は無効ではありません）。

ただし、総括主宰者・出納責任者・地域主宰者が、いわゆるおとり行為や寝返り行為(P135参照)により選挙犯罪を犯した場合には、立候補制限は科せられません。

①買収・利害誘導罪（公選法221条）

②多数人買収・多数人利害誘導罪（公選法222条）

③公職の候補者や当選人に対する買収・利害誘導罪（公選法223条）

④新聞紙・雑誌の不法利用罪（公選法223条の2）

⑤選挙費用の法定額違反（出納責任者のみ）（公選法247条）

※それぞれの罰則についてはP128以降参照

〔公職選挙法210条、251条の2、251条の5関係〕

ケース解説 ▶ **総括主宰者や地域主宰者とはどのような者か**

総括主宰者とは、選挙運動の全体をとりまとめる者をいいます。また、地域主宰者とは、一部の地域の選挙運動をとりまとめる者を指します。

連座制Ⅱ（親族・秘書・公務員等）

ポイント

▶ 候補者等の親族や秘書で、候補者等・総括主宰者・地域主宰者と意思を通じて選挙運動をしたものが、前出「連座制Ⅰ」の①～④の罪を犯し、禁錮以上の刑（執行猶予を含む。）に処せられると、候補者等の当選は無効となり、さらに同じ選挙で同じ選挙区から5年間立候補できないことになります。
ただし、親族や秘書が、いわゆるおとり行為や寝返り行為により選挙犯罪を犯した場合には、立候補制限は科せられません。

〔公職選挙法251条の2関係〕

▶ 国または地方公共団体の公務員、行政執行法人または特定地方独立行政法人の役職員、公庫の役職員だった人が、これらの職を離職した日から3年以内に行われる国会議員の選挙のうち最初に立候補した選挙に当選した場合、その人と職務上関係のあった公務員などが、その当選人の選挙運動のために前出「連座制Ⅰ」の①～④の罪のほか一定の選挙犯罪を犯して刑に処せられたときは、その当選人の当選は無効となります。
ただし、立候補制限は科せられません。

〔公職選挙法251条の4関係〕

▶ ただし、上記の連座については、選挙犯罪についての刑事裁判が確定すると直ちに適用されるのではなく、刑事裁判が確定後、検察官が、候補者等を被告として、刑が確定した日から30日以内に、当選無効や立候補制限について高等裁判所に提訴し検察官が勝訴したときに適用されます。

〔公職選挙法211条、251条の5関係〕

ケース解説

▶ **親族や秘書とはどのような人か**
親族とは、候補者や立候補予定者の父母、配偶者、子、兄弟姉妹を指します。秘書とは、候補者や立候補予定者に使用され、政治活動を補佐する者をいいます。

連座制Ⅲ（組織的選挙運動管理者等）

ポイント

▶ 組織的選挙運動管理者等が、前出「連座制Ⅰ」の①～④の罪を
犯し、禁錮以上の刑（執行猶予を含む。）に処せられると、検
察官は、候補者等を被告として、刑が確定した日から30日以内
に、当選無効や立候補制限について高等裁判所に提訴します。
この起訴の結果、選挙犯罪を犯した者が組織的選挙運動管理者
等であることなどが認められれば、候補者等の当選は無効とな
り、さらに同じ選挙で同じ選挙区から５年間立候補できないこ
とになります。したがって、候補者等の当選が無効になるのは、
組織的選挙運動管理者等が刑に処せられたときではなく、その
後の訴訟で検察官が勝訴したときです。ただし、次の場合には、
候補者等の当選は無効とならず、立候補制限も科せられません。
①組織的選挙運動管理者等が、いわゆるおとり行為や寝返り行
　為により選挙犯罪を犯したとき
②組織的選挙運動管理者等が選挙犯罪を犯さないよう、候補者
　等が相当の注意を怠らなかったとき

▶ 組織的選挙運動管理者等とは、候補者等と意思を通じて組織に
より行われる選挙運動において選挙運動の計画の立案・調整を
行う者、選挙運動に従事する者たちの指揮・監督を行う者、そ
の他選挙運動の管理を行う者をいいます。

〔公職選挙法211条、251条の3、251条の5関係〕

121

▶ **「選挙運動の計画の立案・調整を行う者」とは**

選挙運動全体の計画を立てたり、その調整を行う者のほか、ビラ配り、ポスター貼り、個人演説会などの計画を立案・調整する者をいいます。いわば司令塔の役割を担う者です。

▶ **「選挙運動に従事する者たちの指揮・監督を行う者」とは**

ビラ配り・ポスター貼り、個人演説会の会場設営、電話作戦などに当たる者を、指揮したり、監督したりする者をいいます。いわば前線のリーダーの役割を担う者です。

▶ **「その他の選挙運動の管理を行う者」とは**

選挙運動に従事する者への弁当の手配、車の手配、個人演説会場の確保などの管理をする者をいいます。いわば後方支援活動の管理を担う者です。

▶ **「組織」にはどのようなものが含まれるか**

例えば、政党、政党の支部、政党の青年部・婦人会、候補者等の後援会、系列の地方議員の後援会、地元事務所、選挙事務所、政治支援団体などです。

▶ **会社や町内会などは「組織」に含まれるか**

会社、労働組合、宗教団体、協同組合、業界団体、青年団、同窓会、町内会など、本来は政治活動や選挙運動以外の目的で存在していると思われる団体でも、特定の候補者等を当選させるために、構成員が相互に役割を分担し、協力し合って選挙運動を行う場合には「組織」に該当します。

▶ **「意思を通じて」とはどのようなことか**

「意思を通じて」とは、意思の連絡が明らかにある場合に限らず、組織ぐるみで選挙運動を行うことについて暗黙の了解がある場合も含まれます。例えば、ある候補者が選挙のたびごとに組織ぐるみで選挙運動を行っており、選挙運動の管理を担当する者と"今回もよろしく"程度のやりとりがあった場合でも、「意思を通じて」いるとみなされることがあります。

連座制判例Ⅰ：秘書の選挙犯罪による連座制

判例

最高裁は平成10年11月、平成8年の衆院選和歌山3区で落選・比例近畿ブロックで当選したB氏に対し、選挙違反を行った地元事務所職員が「秘書」に該当するとして連座制を適用した一審判決を支持し、B氏側の上告を棄却。これにより、B氏の当選無効と和歌山3区からの5年間の立候補禁止が確定した。本件は、拡大連座制導入後、現職の国会議員が連座制の適用により失職した初めてのケースである。

【経緯】

- 判決などによると、この事務所職員は、後援会幹部にB氏や自民党への投票の取りまとめなどの報酬として百万円を渡し、公職選挙法違反（買収罪）に問われ、最高裁で執行猶予つきの有罪が確定。これを受けて大阪高検が行政訴訟を提起し、この事務所職員が秘書に該当するとして、B氏の当選無効などを求めた。

- 一審・大阪高裁判決は、この事務所職員について、①秘書の肩書の名刺を使用していた、②地元の公的行事や支持者の冠婚葬祭にB氏の代理として出席していた、などの事実を挙げて「この職員は単純に東京からの指示に基づいて動く連絡係のような軽い存在ではない」と認定。

- B氏は「3人の公設秘書以外は秘書の仕事をしていない」と主張したが、「候補者が秘書またはそれに類似する名称を使用していることを容認している者も秘書と推定する」とし、事務職員の「秘書性」を認定した上で、高検側の訴えを全面的に認める判決を下していた。

連座制判例Ⅱ：組織的選挙運動管理者等の選挙犯罪による連座制

判例

最高裁は平成9年3月、平成7年の統一地方選挙で当選した青森県のC氏を支援した住宅販売会社の社長（当時）らが会社ぐるみで選挙違反を行ったとして、これらを組織的選挙運動管理者等に該当するとした一審判決を支持し、県議の上告を棄却。これにより、C氏の当選無効と同一選挙区からの5年間の立候補禁止が確定した。本件は、拡大連座制導入後、連座制が企業の選挙違反に適用された初めてのケースである。

【経緯】

- 判決などによると、この社長は、会社を挙げてC氏を支援するよう会社幹部に指示した上、約30人の下請け業者を集めた慰労会を開催し、そこに県議を呼んで業者たちに票の取りまとめを依頼するなどした。
- このため、社長と会社幹部2人が供応接待をしたとして公職選挙法違反に問われ、3人とも執行猶予つきの有罪判決が確定。これを受けて仙台高検が行政訴訟を提起し、3人が組織的選挙運動管理者等に該当するとして、C氏の当選無効などを求めた。
- 一審・仙台高裁判決は、①役割を分担して朝礼や慰労会名目での会食を計画した、②県議に挨拶の場を提供し、従業員や下請け業者に対して社長自らが県議への投票を訴えた、などの事実を挙げて「同社が組織として選挙運動を行っており、会社社長らは組織的選挙運動管理者にあたる」とし、高検側の訴えを全面的に認める判決を下していた。

連座制判例Ⅲ：組織的選挙運動管理者等の選挙犯罪による連座制

判例

名古屋高裁金沢支部は平成11年4月、平成10年3月の石川県議補欠選挙で当選したA氏の選対本部を実質的に統括していたB氏が買収罪を犯して懲役刑に処せられたことに関し、B氏を組織的選挙運動管理者等に該当するとして、A氏の当選無効と石川県議選における金沢市選挙区からの5年間の立候補禁止を決定。本件は、拡大連座制導入後、連座制の免責条項である「相当の注意」に対する解釈が問われたケースである。

【経緯】

- 判決などによると、B氏は選挙期間以前から期間中にかけて、A氏の選挙運動者らに対し、投票の取りまとめなどの報酬として現金を供与。これにより、B氏は買収罪を犯したとして懲役1年・執行猶予5年の刑が確定した。これを受けて検察側が行政訴訟を提起し、B氏が組織的選挙運動管理者等に該当するとして、A氏の当選無効などを求めた。

- これに対してA氏は、日頃から選対本部長が公明正大な選挙の必要性を説いており、また自らも同様の考えであり、「相当の注意を怠らなかった」などと主張。

- A氏の主張に対して同高裁は、「相当の注意を怠らなかったというためには、B氏が買収罪に及ばないよう、B氏に対する直接的で不断かつ周到な注意が求められる。しかし、A氏自身がB氏に対して、あるいは選対本部長がA氏の指示を受けてB氏に対して、そのような注意を行っていたとは認められない」と述べ、組織的選挙運動管理者等の抽象的な注意だけでは「相当の注意を怠らなかった」ことに当たらないとした。

連座制の対象者・要件・効果

対象者	要件
総括主宰者	買収罪等の悪質な選挙犯罪を犯し、罰金以上の刑に処せられた場合（執行猶予を含む）
出納責任者	
地域主宰者	
公務員等	
親族	買収罪等の悪質な選挙犯罪を犯し、禁錮以上の刑に処せられた場合（執行猶予を含む）
秘書	
組織的選挙運動管理者等	

効果	①当選無効 ②同一選挙の同一選挙区から5年間立候補禁止（公務員等以外）

＊要件となる選挙犯罪の種類
　買収罪・利害誘導罪、多数人買収罪・多数人利害誘導罪、公職の候補者や当選人に対する買収罪・利害誘導罪、新聞紙・雑誌の不法利用罪、選挙費用の法定額違反（出納責任者のみ）

＊免責条項
・おとり行為・寝返り行為
・候補者が相当の注意を怠らなかったとき（組織的選挙運動管理者等のみ）

9

主な罰則一覧

買収罪等

普通買収罪（事前買収）

 要件 ▶ 特定の候補者を当選させること、または当選させないことを目的に、選挙人や選挙運動者に対して、金銭・物品・その他の財産上の利益や公私の職務などを供与したり、その申込みや約束をしたり、または供応接待をしたり、その申込みや約束をすること。

解説 ■ 「選挙運動者」とは、投票の勧誘・斡旋・誘導などを行う者のことで、単に選挙運動を依頼された者も含まれます。

「財産上の利益」とは、債務（借金）の免除、支払いの猶予、保証人になること、得意先を与えることなど、財産的な価値のあるいっさいのものを含みます。「供応接待」とは、酒食などを与えたり、演劇や旅行に招待するなど、相手に慰安や快楽を与えて歓待することをいいます。

罰則 ▶
> ３年以下の懲役・禁錮、または50万円以下の罰金
> 〔公職選挙法221条①関係〕

利害誘導罪

 要件 ▶ 特定の候補者を当選させること、または当選させないことを目的に、選挙人や選挙運動者に対して、その者自身や、その者と関係のある社寺・学校・会社・組合・市町村などに対する用水・小作・債権・寄附・その他特殊の直接利害関係を利用して、誘導すること。

解説 ■ 「特殊の直接利害関係」とは、ある限られた範囲の選挙人や選挙運動者、またはその者が関係する団体にとってのみ、特別かつ直接に利害関係があることをいいます。例えば、学校の設置に力を尽くすことを強調することによって、学校設置を希望する選挙人の関心をひきつけ、自分の選挙を有利に導く場合などがこれに該当します。

罰則 ▶
> ３年以下の懲役・禁錮、または50万円以下の罰金
> 〔公職選挙法221条①関係〕

事後報酬供与罪（事後買収）

 ▶ 投票や選挙運動をしたこと、またはしなかったこと、あるいは
その周旋勧誘をしたことなどの報酬として、選挙人や選挙運動
者に対して、金銭・物品・その他の財産上の利益や公私の職務
などを供与したり、その申込みや約束をしたり、または供応接
待をしたり、その申込みや約束をすること。

解説 ■■ 「周旋勧誘」とは、特定の選挙に際し、候補者その他その選挙運動
者等の依頼を受けまたは自発的に、選挙人あるいは選挙運動者に対
して、特定の候補者に投票をし若しくは投票をしないことまたは選
挙運動をし若しくは選挙運動をしないように周旋または勧誘するこ
とをいいます。選挙運動員に対して、法定額の範囲内で宿泊費など
の実費を弁償することはできますが、報酬を与えると、本罪に該当し
ます（選挙運動用事務員、車上等運動員、手話通訳者および要約筆
記者への報酬を除く）。

罰則 ▶ | 3 年以下の懲役・禁錮、または50万円以下の罰金
〔公職選挙法221条①関係〕

利益収受および要求罪

 ▶ 金銭・物品・その他の財産上の利益、公私の職務などの供与や
供応接待を受けたり、その申込みを承諾したり、またはそれら
を要求すること。あるいは、利益誘導に応じたり、自ら利益誘
導を促すこと。

解説 ■■ 普通買収、利害誘導、事後報酬供与は、選挙人や選挙運動者などの
受け手側にも科される罰則です。すなわち、供応接待した側や利害
誘導した側だけでなく、「された側」も罰せられます。もちろん、
供応接待や利害誘導を自ら申し込んだり、要求してもいけません。

罰則 ▶ | 3 年以下の懲役・禁錮、または50万円以下の罰金
〔公職選挙法221条①関係〕

買収目的交付罪

 要件 ▶ 普通買収罪、利害誘導罪、事後買収罪を犯させることを目的に、選挙運動者に対して、金銭や物品を交付したり、その申込みや約束をすること。または選挙運動者がその交付を受けたり、その申込みを要求したり、承諾したりすること。

解説 ■■ 「交付」とは、選挙人又は選挙運動者に供与させるために、仲介人に金銭や物品などを寄託する行為をいいます。

普通買収罪や事後報酬供与罪との違いは、選挙人を買収するために、選挙運動員を仲介人として、その選挙運動員に金銭や物品を交付することが罰に問われる点です。仲介人に交付すること自体は実質的には買収の予備的行為にすぎませんが、他の買収行為と同じように処罰されます。

罰則 ▶
> ### 3年以下の懲役・禁錮、または50万円以下の罰金
> 〔公職選挙法221条①関係〕

買収周旋勧誘罪

 要件 ▶ これまで述べた5つの買収罪に該当する行為に関して、周旋または勧誘をすること。

解説 ■■ 実質的には前述した5つの買収罪の教唆や幇助ですが、独立した罪として処罰されます。

罰則 ▶
> ### 3年以下の懲役・禁錮、または50万円以下の罰金
> 〔公職選挙法221条①関係〕

選挙事務関係者等の買収罪

 ▶ 中央選挙管理会の委員やその庶務に従事する総務省の職員、参議院合同選挙区選挙管理委員会の委員やその職員、選挙管理委員会の委員やその職員、投票管理者、開票管理者、選挙長や選挙分会長、選挙事務に関係する国や地方公共団体の職員といった選挙事務関係者が、これまで述べた買収罪のいずれかを犯すこと。または、公安委員会の委員や警察官がその関係区域内の選挙に関して、同様の罪を犯すこと。

解説 ■■ これまで述べたすべての買収罪に関して、犯罪の主体が選挙事務関係者などの場合には、刑が加重されています。

罰則 ▶
> **4年以下の懲役・禁錮、または100万円以下の罰金**
> 〔公職選挙法221条②関係〕

候補者等の買収罪

 ▶ 候補者、選挙運動総括主宰者、出納責任者、地域主宰者が、これまで述べた買収罪のいずれかを犯すこと。

解説 ■■ 選挙事務関係者等の買収罪と同じように、犯罪の主体が候補者などの場合にも刑が加重されています。さらに、候補者等が有罪となった場合は、当選が無効となります。

罰則 ▶
> **4年以下の懲役・禁錮、または100万円以下の罰金**
> 〔公職選挙法221条③関係〕

多数人買収罪・多数人利害誘導罪

 ▶ 財産上の利益を図ることを目的に、候補者等のために、多数の選挙人や選挙運動者に対して、買収行為をしたり、またはさせること。あるいは、買収行為を請け負ったり、または請け負わせたり、その申込みをすること。

解説 ■■■ 多数の人々に買収を行う"選挙ブローカー"と呼ばれる者を対象とする刑罰で、一般の買収罪に比べて刑が加重されています。候補者、選挙運動総括主宰者、出納責任者、地域主宰者が同様の罪を犯した場合には、さらに刑が加重されます。

罰則 ▶

> 5年以下の懲役・禁錮（選挙ブローカーなど）
> 6年以下の懲役・禁錮（候補者などの場合）
> 〔公職選挙法222条①・③関係〕

常習的買収罪

 ▶ 普通買収罪、利害誘導罪、事後報酬供与罪、買収目的交付罪、買収周旋勧誘罪を犯した者が常習者であるとき。

解説 ■■■ 買収罪を犯した者が常習者である場合には、一般の買収罪に比べて刑が加重されています。

罰則 ▶

> 5年以下の懲役・禁錮
> 〔公職選挙法222条②〕

新聞紙・雑誌の不法利用罪

 ▶ 特定の候補者を当選させること、または当選させないことを目的に、新聞紙や雑誌の編集・経営を担当する者に対して、金銭・物品・その他の財産上の利益を供与したり、その申込みや約束をしたり、または供応接待をしたり、その申込みや約束をして、選挙に関する報道や評論の掲載を図ること。あるいは、これらの担当者が利益を収受したり要求したり、その申込みを承諾すること。

解説 ■■■ 新聞紙や雑誌の持つ影響力を不法に利用しようとする者についての刑罰で、一般の買収罪に比べて刑が加重されています。
候補者、選挙運動総括主宰者、出納責任者、地域主宰者が同様の罪を犯した場合には、さらに刑が加重されます。

罰則 ▶

> 5年以下の懲役・禁錮
> 6年以下の懲役・禁錮（候補者などの場合）
> 〔公職選挙法223条の2関係〕

133

候補者や当選人に対する買収罪

 要件 ▶ 候補者であることや候補者になろうとすることをやめさせ、あるいは当選人であることを辞させることを目的に、買収や利害誘導を行うこと。また、立候補をとり下げたことや当選人を辞したこと、またはその周旋勧誘をしたことの報酬として、金銭など財産上の利益を供与すること。あるいは、これらの供与を受けたり、その申込みを承諾したり、これらの買収行為を周旋勧誘すること。

解説 ■■■ 本罪は、候補者や当選人という選出される立場にある者に不正な利益をもたらす場合を規定したものであり、一般の買収罪に比べて刑が加重されています。

一般的には、立候補を断念させたり当選を辞退させる行為は、必ずしも犯罪とはならないと考えられていますが、それらの行為が買収や特別な利害関係を利用することによって行われた場合には、選挙の公正を著しく損なうことになるために犯罪とみなされます。

また、候補者、選挙運動総括主宰者、出納責任者、地域主宰者、選挙事務関係者等、公安委員会の委員や警察官などが同様の罪を犯した場合には、さらに刑が加重されます。

罰則 ▶
> ４年以下の懲役・禁錮、または100万円以下の罰金
> ５年以下の懲役・禁錮、または100万円以下の罰金
> （候補者などや選挙事務関係者などの場合）
> 〔公職選挙法223条関係〕

買収等によって得た利益の没収

 要件 ▶ これまで述べたすべての罪に関して、金銭・物品・その他財産上の利益を収受したり、交付を受けること。

解説 ■■■ 買収等によって受けた利益はすべて没収されますが、没収できない場合には、相当価額が追徴されます。

罰則 ▶
> 違反行為により受領した利益の没収、または追徴
> 〔公職選挙法224条関係〕

おとり罪・寝返り罪

おとり罪

 ▶ 連座制を利用して、候補者Aの当選を無効にしたり立候補の資格を失わせるために、候補者Bやその選挙運動者と意思を通じて、候補者Aの選挙運動総括主宰者、出納責任者、地域主宰者、一定の親族、秘書、組織的選挙運動管理者等を誘導したり挑発して、買収罪、利害誘導罪、選挙費用の法定額違反といった連座対象の罪を犯させること。

解説 ■ 「おとり」とは、候補者Aの当選無効などを目的に、候補者B陣営の選挙運動者などと意思を通じて、候補者A陣営の連座対象者を誘導したり挑発して、買収罪などを犯させることをいいます。

罰則 ▶

> **1年以上5年以下の懲役・禁錮**
> 〔公職選挙法224条の2①関係〕

寝返り罪

 ▶ 連座制を利用して、候補者Aの当選を無効にしたり立候補の資格を失わせるために、候補者Aの連座対象者である選挙運動総括主宰者、出納責任者、地域主宰者、一定の親族、秘書、組織的選挙運動管理者等が、候補者Bやその選挙運動者などと意思を通じて、買収罪、利害誘導罪、新聞紙や雑誌の不法利用罪、選挙費用の法定額違反などの連座対象の罪を犯すこと。

解説 ■ 「寝返り」とは、候補者A陣営の連座対象者が、自らの陣営の候補者Aの当選を無効にするために、候補者B陣営の選挙運動者などと意思を通じて、買収罪などを犯すことをいいます。

罰則 ▶

> **1年以上6年以下の懲役・禁錮**
> 〔公職選挙法224条の2②関係〕

選挙妨害罪

選挙の自由妨害罪

 ▶ 選挙に関して、次の行為をすること。

①選挙人、候補者、立候補予定者、選挙運動者、当選人に対して、暴行を加えたり、威迫したり、かどわかしたりすること。

②交通・集会・演説を妨害したり、文書図画を毀棄するなど、不正の方法で選挙の自由を妨害すること。

③利害誘導による買収罪とは反対に、特殊な利害関係を利用して不利益を加えることを予告することによって、選挙人、候補者、立候補予定者、選挙運動者、当選人に対して、威迫すること。

解説 ■ 特定の候補者を当選させることや当選を妨げることを目的としない場合でも、その行為の動機が広く選挙に関わるものであれば、本罪によって罰せられます。

また、選挙期日の公示前の行為も対象となります。

罰則 ▶
> **4年以下の懲役・禁錮、または100万円以下の罰金**
> 〔公職選挙法225条関係〕

職権濫用による選挙の自由妨害罪

 ▶ 公務員や行政執行法人または特定地方独立行政法人の役職員、選挙事務関係者が、故意にその職務の執行を怠り、または正当な理由がなく候補者や選挙運動者につきまとい、その住居や選挙事務所に立ち入るなど、その職権を濫用して選挙の自由を妨害すること。また、選挙人に対して、投票をしようとする候補者や投票をした候補者の氏名の表示を求めること。

解説 ■ 「選挙事務関係者」とは、選挙管理委員会の委員や職員、投票管理者、開票管理者、選挙長、選挙分会長などをいい、故意に職務の執行を怠った場合にも本罪が適用されます。

罰則 ▶
> **4年以下の禁錮（自由妨害）**
> **6ヵ月以下の禁錮、または30万円以下の罰金（氏名表示要求）**
> 〔公職選挙法226条関係〕

多衆の選挙妨害罪

 ▶多くの者が集まって、暴力を加えるなど選挙の自由を妨害したり、交通・集会・演説を妨げたり、投票所や開票所などの選挙施設で騒ぎ立てたりすること。

解説 ■■■ 首謀者、指揮者など、付和随行者（単に多数人として参加したにすぎない者）の別に応じて、処罰されます。

罰則 ▶
> 1年以上7年以下の懲役・禁錮（首謀者の場合）
> 6ヵ月以上5年以下の懲役・禁錮（指揮者などの場合）
> 20万円以下の罰金または科料（付和随行者の場合）
> 〔公職選挙法230条①関係〕

虚偽事項公表罪

 ▶特定の候補者を当選させることを目的に、候補者や立候補予定者の身分、職業、経歴、政党その他の政治団体との関係（所属・推薦・支持）などについて、虚偽の事項を公表すること。あるいは、特定の候補者を当選させないことを目的に、虚偽の事項を公表したり、事実を歪めて公表したりすること。

解説 ■■■ 特定の候補者の落選を目的に虚偽事項を公表する場合は、候補者本人に直接関係のある事項に限らず、例えば、「候補者の妻に贈賄の疑いがある」とか、「候補者の親族が傷害罪で起訴された」などと、候補者や立候補予定者に打撃を与えるような虚偽の事項を公表する場合も、本罪に該当します。

当選させる目的で本罪を犯した場合よりも、落選させる目的で本罪を犯した場合のほうが刑が重くなっています。

罰則 ▶
> 2年以下の禁錮、または30万円以下の罰金（当選目的）
> 4年以下の懲役・禁錮、または100万円以下の罰金（落選目的）
> 〔公職選挙法235条関係〕

137

政見放送・選挙公報の不法利用罪

 ▶ 政見放送や選挙公報において、特定の候補者を当選させないことを目的に、虚偽の事項を公表したり、事実を歪めて公表すること。

あるいは、政見放送や選挙公報において、特定の商品を広告したり、その他営業に関する宣伝をしたりすること。

解説 ■ 本罪は、本来公正であるべき政見放送や選挙公報において、当選させない目的をもって虚偽の事項を公表したり、選挙とは直接関係のない商品の宣伝をすることなどを罰するためのものです。

虚偽事項を公表した場合と、特定の商品を宣伝した場合とでは、量刑が異なります。

罰則 ▶
> 5年以下の懲役・禁錮、または100万円以下の罰金
> （虚偽事項公表）
> 100万円以下の罰金（特定商品宣伝など）
> 〔公職選挙法235条の3関係〕

氏名等の虚偽表示罪

 ▶ 特定の候補者を当選させること、または当選させないことを目的に、真実に反する氏名・名称・身分の表示をして、郵便・電報・電話またはインターネット等を利用する方法などで通信をすること。

罰則 ▶
> 2年以下の禁錮、または30万円以下の罰金
> 〔公職選挙法235条の5関係〕

投票に関する罪

投票の秘密侵害罪

 要件 ▶ 選挙事務関係者や立会人、代理投票の補助者や監視者などが、選挙人が投票した候補者の氏名（比例代表選挙においては名簿登載者の氏名または名簿届出政党等の名称・略称）を表示すること（その表示した氏名等が虚偽である場合も含む）。

罰則 ▶
> **2年以下の禁錮、または30万円以下の罰金**
> 〔公職選挙法227条関係〕

投票干渉罪

 要件 ▶ 投票所や開票所において、正当な理由がなく選挙人の投票を指示したり、勧誘するなど、投票に干渉すること。あるいは、候補者の氏名や名簿届出政党等の名称を認知する方法を行うこと。

罰則 ▶
> **1年以下の禁錮、または30万円以下の罰金**
> 〔公職選挙法228条①関係〕

投票箱開披・投票取出罪

 要件 ▶ 投票箱閉鎖後は、開票管理者が所定の手続きによってこれを開く以外には、いかなる者も開くことができないという規定を無視して、投票箱を開いたり、投票箱から投票を取り出したりすること。

罰則 ▶
> **3年以下の懲役・禁錮、または50万円以下の罰金**
> 〔公職選挙法228条②関係〕

選挙人の虚偽宣言罪

 ▶ 投票管理者は、投票しようとする選挙人が本人であるかどうか
を確認することができないときは、本人である旨を宣言させな
ければならないが、この場合に虚偽の宣言をすること。

罰則 ▶
> 20万円以下の罰金
>
> 〔公職選挙法236条③関係〕

詐偽投票罪

 ▶ 選挙人でない者が投票をすること。あるいは、氏名を偽ったり、
その他詐欺の方法で投票したり、投票しようとしたりすること。

解説 ■ 選挙人でない者が投票する場合と、詐欺の方法で投票する場合とで
は、量刑が異なります。

罰則 ▶
> 1年以下の禁錮、または30万円以下の罰金（非選挙人）
> 2年以下の禁錮、または30万円以下の罰金（詐欺投票）
>
> 〔公職選挙法237条①②関係〕

投票偽造・増減罪

 ▶ 投票を偽造したり、投票数を増減すること。

解説 ■ 選挙事務関係者、立会人、代理投票の補助者や監視者などが本罪を
犯した場合には、刑が加重されます。

罰則 ▶
> 3年以下の懲役・禁錮、または50万円以下の罰金
> 5年以下の懲役・禁錮、または50万円以下の罰金
> （選挙事務関係者などの場合）
>
> 〔公職選挙法237条③④関係〕

詐偽登録罪

 ▶ 詐偽の方法で選挙人名簿または在外選挙人名簿に登録させること。あるいは、選挙人名簿に登録させる目的で、転入届について虚偽の届出をすることによって、選挙人名簿に登録させること。

罰則
> **6ヵ月以下の禁錮、または30万円以下の罰金**
> 〔公職選挙法236条①②関係〕

代理投票における記載義務違反

 ▶ 代理投票の補助者が、選挙人の指示する候補者の氏名または名簿届出政党等の名称・略称を記載しないこと。

罰則
> **2年以下の禁錮、または30万円以下の罰金**
> 〔公職選挙法237条の2関係〕

選挙の平穏を害する罪

選挙事務関係者・施設等に対する暴行罪等

 要件 ▶ 投票管理者や開票管理者、選挙長や選挙分会長、立会人や選挙監視者に暴力を加えたり脅迫すること。または投票所や開票所、選挙会場や選挙分会場を混乱させたり、投票や投票箱、その他の関係書類などを破壊したり奪い取ったりすること。

罰則 ▶

> 4年以下の懲役・禁錮
>
> 〔公職選挙法229条関係〕

凶器携帯罪

 要件 ▶ 選挙に関して、銃砲、刀剣、こん棒など、人を殺傷することのできるものを携帯すること。あるいは、このような凶器を携帯して、投票所や開票所、選挙会場や選挙分会場に入ること。

解説 ■ 本罪を犯した場合には、携帯している凶器は没収されます。また、投票所などの施設に凶器を持ち込んだ場合には、刑が加重されます。

罰則 ▶

> 2年以下の禁錮、または30万円以下の罰金（凶器携帯）
> 3年以下の禁錮、または50万円以下の罰金
> （投票所などでの凶器携帯）
>
> 〔公職選挙法231条①、232条、233条関係〕

選挙犯罪のせん動罪

 要件 ▶ 買収罪、選挙の自由妨害罪、投票干渉罪などの選挙犯罪を犯させる目的をもって人をせん動すること。

罰則 ▶

> 1年以下の禁錮、または30万円以下の罰金
>
> 〔公職選挙法234条関係〕

選挙報道・評論に関する罪

新聞紙・雑誌が選挙の公正を害する罪

 ▶ ①選挙に関して、新聞紙・雑誌が報道や評論を掲載する場合に、虚偽の事項を記載したり、事実を歪めて記載したりするなど、表現の自由を濫用して選挙の公正を害すること。

②選挙期間中に選挙に関する報道や評論を掲載することができる新聞紙・雑誌や機関新聞紙・機関雑誌(P93参照)以外の新聞紙・雑誌が、選挙期間中及び選挙の当日に、当該選挙に関して報道したり、評論を掲載したりすること。

③特定の候補者を当選させること、または当選させないことを目的に、新聞紙・雑誌に対する編集及びその他経営上の特殊な地位を利用して、選挙に関する報道や評論を掲載したり、または掲載させたりすること。

解説 ■ ①②の場合は、編集を実際に担当した人や経営者が罰則の対象となります。③の場合は、編集や経営上の地位を利用して報道・評論を掲載した人、及び掲載させた人が罰則の対象となります。

罰則 ▶ 2年以下の禁錮、または30万円以下の罰金

〔公職選挙法235条の2関係〕

選挙放送などの制限違反

 ▶ ①選挙に関して、虚偽の事項を放送したり、事実を歪めて放送したりするなど、表現の自由を濫用して選挙の公正を害すること。

②政見放送・経歴放送以外に選挙運動のための放送をしたり、または放送をさせること。

解説 ■ ①の場合は、放送をした人や編集をした人が、②の場合は、放送をした人、及び放送をさせた人が罰則の対象となります。

罰則 ▶ 2年以下の禁錮、または30万円以下の罰金

〔公職選挙法235条の4関係〕

選挙運動等に関する罪

選挙運動の期間制限違反

 要件 ▶ 一部の特例(P36参照)を除き、選挙運動が認められるのは、立候補の届出が受理された時から投票日の前日の午後12時まで(街頭演説や連呼行為は午後8時まで)であるにもかかわらず、それに違反すること。

解説 ━ 事前運動を行った場合は、本罪が適用されます。

罰則 ▶

> 1年以下の禁錮、または30万円以下の罰金
> 〔公職選挙法239条①関係〕

挨拶を目的とする有料広告の禁止違反

 要件 ▶ 候補者等・後援団体が、選挙区内にある者に対して、年賀、暑中見舞、慶弔、激励・感謝などの挨拶を目的とする広告を有料で新聞やビラ、パンフレット、インターネット等で頒布したり、テレビやラジオを通じて放送させたりすること。または、候補者等または後援団体の役職員・構成員を威迫して、広告の掲載や放送を要求すること。

解説 ━ 広告を掲載・放送させた人と、それらの人を威迫して広告の掲載や放送を要求した人とでは、量刑が異なります。

罰則 ▶

> 50万円以下の罰金(候補者など)
> 1年以下の懲役・禁錮、または30万円以下の罰金(要求者)
> 〔公職選挙法235条の6関係〕

立候補に関する虚偽宣誓罪

 要件 ▶ 立候補しようとする人が、立候補届出の際に添付する宣誓書について、虚偽の宣誓をすること。

罰則 ▶

> 30万円以下の罰金
> 〔公職選挙法238条の2関係〕

選挙事務関係者の選挙運動の禁止違反

 ▶ 投票管理者や開票管理者、選挙長や選挙分会長が、在職中に当該関係区域（選挙区など）内で選挙運動をすること。または、不在者投票管理者が、不在者投票に関して業務上の地位を利用して選挙運動をすること。

罰則 ▶
> **6ヵ月以下の禁錮、または30万円以下の罰金**
> 〔公職選挙法241条②関係〕

特定公務員の選挙運動の禁止違反

 ▶ 中央選挙管理会の委員やその庶務に従事する総務省の職員、参議院合同選挙区選挙管理委員会の職員、選挙管理委員会の委員や職員、裁判官、検察官、会計検査官、公安委員会の委員、警察官、収税官吏・徴税吏員が、在職中に選挙運動をすること。

罰則 ▶
> **6ヵ月以下の禁錮、または30万円以下の罰金**
> 〔公職選挙法241条関係〕

教育者の地位利用による選挙運動の禁止違反

 ▶ 学校教育法に規定する学校（小学校、中学校、義務教育学校、高等学校、中等教育学校、高等専門学校、大学、特別支援学校、幼稚園）や幼保連携型認定こども園の長や教員が、学校の児童・生徒・学生に対する教育上の地位を利用して、学校の児童、生徒、学生に対して選挙運動をすること。

罰則 ▶
> **1年以下の禁錮、または30万円以下の罰金**
> 〔公職選挙法239条①関係〕

年齢満18歳未満の者の選挙運動の禁止違反

 ▶ 年齢満18歳未満の者が、選挙運動をすること。または、年齢満18歳未満の者を使用して選挙運動をすること。

 1年以下の禁錮、または30万円以下の罰金
〔公職選挙法239条①関係〕

選挙犯罪者等の選挙運動の禁止違反

 ▶ 公職選挙法または政治資金規正法に違反して選挙権・被選挙権を失った者が、選挙運動をすること。

 1年以下の禁錮、または30万円以下の罰金
〔公職選挙法239条①関係〕

公務員等の地位利用による選挙運動の禁止違反

 ▶ 次の者が、その地位を利用して選挙運動をしたり、選挙運動の類似行為をすること。
①国や地方公共団体の公務員
②行政執行法人または特定地方独立行政法人の役員や職員
③沖縄振興開発金融公庫の役員・職員

 2年以下の禁錮、または30万円以下の罰金
〔公職選挙法239条の2②関係〕

戸別訪問の禁止違反

 ▶ 特定の候補者や立候補予定者に投票することを依頼したり、または投票しないよう依頼したりすることを目的に、戸別訪問をしたり、戸別に演説会の開催などの告知をしたり、特定の候補者などの氏名を言い歩いたりすること。

罰則 ▶ 1年以下の禁錮、または30万円以下の罰金
〔公職選挙法239条①関係〕

署名運動の禁止違反

 ▶ 特定の候補者の投票を得ること、または投票を得させないことを目的に、選挙に関する署名を集めること。

罰則 ▶ 1年以下の禁錮、または30万円以下の罰金
〔公職選挙法239条①関係〕

人気投票の公表の禁止違反

 ▶ どの候補者が選挙で当選するか、比例代表選挙における各名簿届出政党の当選者数などを予想する人気投票を行い、その経過や結果を公表すること。

解説 ■ 公表媒体が新聞・雑誌の場合は、実際に編集を担当した者や新聞・雑誌の経営者などが罰則の対象となります。放送による場合には、編集を担当した者またはその放送をさせた者が罰則の対象となります。

罰則 ▶ 2年以下の禁錮、または30万円以下の罰金
〔公職選挙法242条の2関係〕

飲食物の提供の禁止違反

 要件 ▶ 選挙運動に関して、飲食物を提供すること（湯茶やこれに伴い通常用いられる程度の菓子を除く）。

解説 ■ 選挙運動員に支給する弁当は、法定個数の範囲内であり、かつ都道府県の選挙管理委員会が告示する弁当料の範囲内である限り、認められます(P80参照)。

罰則 ▶
> 2年以下の禁錮、または50万円以下の罰金
> 〔公職選挙法243条①関係〕

気勢を張る行為の禁止違反

 要件 ▶ 選挙運動のために、選挙人の注目を集めようと自動車を連ね、隊列を組んで往来したり、サイレンを鳴らして騒ぎ立てるなど気勢を張る行為をすること。

罰則 ▶
> 1年以下の禁錮、または30万円以下の罰金
> 〔公職選挙法244条①関係〕

連呼行為の禁止違反

 要件 ▶ 演説会場・街頭演説の場所・選挙運動用の自動車や船舶の上以外の場所で、選挙運動のために連呼行為（候補者の氏名や政党名などをくり返し言うこと）をすること。

解説 ■ 演説会場における連呼行為については時間の制限はありませんが、自動車・船舶の上で行う連呼行為については午前8時から午後8時までに限られており、また街頭演説の場合は街頭演説自体が午前8時から午後8時までに限られています。

罰則 ▶
> 2年以下の禁錮、または50万円以下の罰金
> 〔公職選挙法243条①関係〕

休憩所等の設置の禁止違反

 ▶ 選挙運動のために、休憩所やこれに類似する設備を設置すること。

> **30万円以下の罰金**
>
> 〔公職選挙法240条①関係〕

選挙事務所の制限違反

 ▶ ①候補者・推薦届出者・名簿登載者（特定枠の名簿登載者を除く）・名簿届出政党等以外の者が、選挙事務所を設置すること。
②選挙事務所を設置した際や異動した際に、選挙管理委員会（中央選挙管理会、参議院合同選挙区選挙管理委員会）に選挙事務所設置（異動）届を届け出ないこと。
③選挙事務所の制限数に違反して、選挙事務所を設置すること。
④1つの選挙事務所につき、1日2回以上移動すること。
⑤選挙事務所を表示するために選挙管理委員会（中央選挙管理会、参議院合同選挙区選挙管理委員会）が交付する標札を、選挙事務所の入口に掲示しないこと。
⑥選挙の当日に、投票所、共通投票所を設けた場所の入口から半径300m以内の区域に、選挙事務所を設置していること。
⑦選挙管理委員会（中央選挙管理会、参議院合同選挙区選挙管理委員会）から選挙事務所の閉鎖を命じられたにもかかわらず、閉鎖命令に従わないこと。

解説 ■ それぞれの場合に応じて、量刑が異なります。

> **20万円以下の罰金**（②・⑤）
> **30万円以下の罰金**（③・④・⑥）
> **6ヵ月以下の禁錮、または30万円以下の罰金**（①）
> **1年以下の禁錮、または30万円以下の罰金**（⑦）
>
> 〔公職選挙法239条、240条、241条、242条関係〕

自動車・船舶・拡声機の制限違反

　①使用制限数を超えて使用すること。
②選挙運動用自動車・船舶に乗車定員を超えて乗車・乗船すること。乗車・乗船する人（候補者または名簿登載者（特定枠の名簿登載者を除く）・運転手・船員を除く）が、都道府県の選挙管理委員会、参議院合同選挙区選挙管理委員会または中央選挙管理会が交付する腕章を着けていないこと。
③走行中の選挙運動用自動車から、連呼行為以外の選挙運動をすること。
④選挙運動用として自動車・船舶・拡声機を使用する際に、都道府県の選挙管理委員会、参議院合同選挙区選挙管理委員会または中央選挙管理会が交付する表示板を取り付けていないこと。

解説 ■ 表示違反（④）の場合は、量刑が異なります。

罰則 ▶

> **2年以下の禁錮、または50万円以下の罰金（①・②・③）**
> **1年以下の禁錮、または30万円以下の罰金（④）**
> 〔公職選挙法243条①、244条①関係〕

選挙運動用通常葉書の制限違反

　①使用制限枚数よりも多くの葉書を使用すること。
②郵便局などで「選挙用」の表示を受けないで使用すること。
③路上で通行人に直接手渡したり、掲示するなど、郵送によらない方法で使用すること。
④無料葉書の交付を受けた名簿登載者や候補者が、立候補届出が却下されたり、立候補を辞退した際に、未使用の葉書を返還しないこと。または、これを他人に譲渡すること。

解説 ■ 返還・譲渡禁止違反（④）の場合は、量刑が異なります。

罰則 ▶

> **2年以下の禁錮、または50万円以下の罰金（①・②・③）**
> **1年以下の禁錮、または30万円以下の罰金（④）**
> 〔公職選挙法243条①、244条①関係〕

選挙運動用ビラ等の制限違反

 要件 ▶ ①制限種類・制限枚数・制限規格を超えてビラを頒布すること。

②郵送で頒布したり、各家庭に戸別に頒布するなど、決められた方法以外の方法でビラを頒布すること。

③都道府県の選挙管理委員会、参議院合同選挙区選挙管理委員会または中央選挙管理会が交付する証紙をビラに貼っていないこと。

④ビラの表面に、頒布責任者と印刷者の氏名・住所など（名簿登載者の場合は、さらに名簿届出政党等名と選挙運動用ビラであることを表示する記号）を記載していないこと。

⑤回覧板その他の文書図画または看板の類を多数の者に回覧させること。

罰則 ▶
> **2年以下の禁錮、または50万円以下の罰金**
> 〔公職選挙法243条①関係〕

選挙運動用電子メール等の制限違反

 要件 ▶ ①電子メールを送信することができない者が、送信を行うこと（送信主体制限違反）。

②電子メールを送信することが許されていない者に対して、送信を行うこと（送信先制限違反）。

③電子メールの送信を拒否した者に対して、送信を行うこと。

④電子メールに、選挙運動用電子メールである旨や送信者の氏名・名称、送信拒否通知を行うことができる旨や送信拒否通知を行う際の通知先を表示しないこと。

⑤当選を得させないために送付する電子メールに氏名・名称と電子メールアドレスを表示しないこと。

解説 ▬ 表示義務違反（④⑤）の場合は、量刑が異なります。

罰則 ▶
> **2年以下の禁錮、または50万円以下の罰金 （①・②・③）**
> **1年以下の禁錮、または30万円以下の罰金 （④・⑤）**
> 〔公職選挙法243条①・244①関係〕

選挙運動のための有料インターネット広告の制限違反

 ▶ ①選挙運動のための有料インターネット広告を掲載すること。
②候補者本人や第三者などが選挙運動用ウェブサイト等に直接
リンクする有料インターネット広告を掲載すること。

 2年以下の禁錮、または50万円以下の罰金
〔公職選挙法243条①関係〕

新聞広告の制限違反

 ▶ ①制限規格や制限回数を超えて新聞広告を掲載すること。
②広告を掲載した新聞紙を、通常の方法（新聞販売業者が有償で
配布することなど）以外の方法で配布したり、掲示したりす
ること。

2年以下の禁錮、または50万円以下の罰金
〔公職選挙法243条①関係〕

新聞紙・雑誌の報道評論の自由違反

 ▶ 選挙期間中に、新聞紙や雑誌の販売業者が、選挙に関する報道・
評論が掲載されている新聞紙や雑誌を、通常以外の方法（無償
で行う場合を含む）で頒布したり、都道府県の選挙管理委員会
が指定する場所以外のところに掲示すること。

2年以下の禁錮、または50万円以下の罰金
〔公職選挙法243条①関係〕

特殊乗車券の制限違反

 ▶ 特殊乗車券の交付を受けた候補者や名簿登載者が、立候補届出
が却下されたり、立候補を辞退した際に、未使用の特殊乗車券
を返還しないこと。または、これを他人に譲渡すること。

1年以下の禁錮、または30万円以下の罰金
〔公職選挙法244条①関係〕

個人演説会・街頭演説の制限違反

 要件

▶①選挙運動のために、個人演説会以外の演説会を開催すること。

②選挙区選挙の候補者が、個人演説会の開催中、都道府県の選挙管理委員会または参議院合同選挙区選挙管理委員会が交付する表示板を付けた立札又は看板の類を会場前に掲示しておかないこと。また、これ以外の文書図画を会場外に掲示すること。

③移動しながら街頭演説をすること。

④都道府県の選挙管理委員会、参議院合同選挙区選挙管理委員会または中央選挙管理会が交付する標旗を掲げずに街頭演説をすること。また、街頭演説において運動員の制限人数を超過したり、それらの運動員が交付された腕章を着けないこと。

⑤他の選挙の投票日（投票所、共通投票所の閉鎖時間までの間）に、その投票所、共通投票所を設けた場所の入口から300m以内の区域で、個人演説会を開催したり、街頭演説をしたり、連呼行為をすること。

⑥国・地方公共団体が所有・管理する建物（公営住宅を除きます）、電車・バス・船舶などの交通機関の中、汽車やバスの停車場、鉄道の敷地内、病院、診療所、その他の療養施設で演説をしたり、連呼行為をすること。

⑦街頭演説の際に標旗の提示を拒んだり、午前8時から午後8時まで以外の時間帯に街頭演説をすること。

解説 ━━ 夜間演説等の禁止違反（⑦）の場合は、量刑が異なります。

罰則 ▶

> **2年以下の禁錮、または50万円以下の罰金（①〜⑥）**
> **1年以下の禁錮、または30万円以下の罰金（⑦）**
> 〔公職選挙法243条①、244条①関係〕

ポスター・立札・看板の類の制限違反

 要件

▶ ①通常選挙においては任期満了の日の6ヵ月前の日から選挙期日までの間に、再選挙・補欠選挙においては当該選挙を行う旨を選挙管理委員会（中央選挙管理会または参議院合同選挙区選挙管理委員会）が告示した日の翌日または当該選挙を行うべき期日の6ヵ月前の日のいずれか遅い日から選挙期日までの間に、候補者等の氏名（氏名類推事項を含む）や後援団体の名称を表示した個人または後援団体の政治活動用ポスターを掲示すること。また、時期にかかわらず当該ポスターを裏打ち(P19参照)して掲示すること。

②候補者等の氏名（氏名類推事項を含む）や後援団体の名称を表示した個人または後援団体の政治活動用立札・看板の類を、個数制限・規格制限・場所制限などに違反して掲示すること。

③選挙事務所表示用のもの、個人演説会場で使用するもの、選挙運動用自動車・船舶に取り付けて使用するもの、および選挙運動用ポスターや個人演説会告知用ポスターについて、枚数制限や規格制限などに違反して掲示すること。

④選挙運動用ポスターや個人演説会告知用ポスターを、公営ポスター掲示場以外の場所に掲示すること（選挙区選挙のみ）。

⑤選挙運動用ポスターに、中央選挙管理会の検印・証紙がないこと（比例代表選挙のみ）。

⑥選挙運動用ポスターや個人演説会告知用ポスターの表面に、掲示責任者や印刷者の氏名・住所（名簿登載者の場合は、さらに名簿届出政党等の名称）が記載されていないこと。

⑦選挙管理委員会の撤去命令に従わないこと（⑧⑨以外の場合）。

⑧国または地方公共団体が所有・管理する建物（公営住宅などを除く）や不在者投票管理者が管理する投票記載場所に選挙運動用ポスターを掲示したり、他人の建物などに承諾なくポスターを掲示したり、そのポスターの撤去命令に従わないこと。

⑨選挙事務所を廃止したり、選挙運動用自動車・船舶の使用をやめたり、個人演説会が終了した後などに、そのまま掲示されている文書図画について撤去命令を受けたにもかかわらず、これに従わないこと。

解説 ━━ 掲示場所違反（⑧・⑨）は、量刑が異なります。

罰則▶

> **2年以下の禁錮、または50万円以下の罰金（①～⑦）**
> **1年以下の禁錮、または30万円以下の罰金（⑧・⑨）**
> 〔公職選挙法243条①、244条①関係〕

154

アドバルーン、ネオン・サイン等の禁止違反

 ▶ 選挙運動のために、アドバルーン、ネオン・サイン、電光による表示、スライドその他の映写（屋内の演説会場内においてその演説会の開催中に掲示されるものを除く）などの類を掲示すること。

罰則 ▶
> **2年以下の禁錮、または50万円以下の罰金**
> 〔公職選挙法243条①関係〕

禁止を免れる行為の禁止違反

 ▶ 選挙運動期間中に、選挙運動用文書図画の頒布・掲示の禁止を免れる行為として、候補者の氏名、シンボルマーク、政党等の名称、特定の候補者を推薦・支持・反対する者の氏名を表示する文書図画を頒布・掲示すること。また、候補者の氏名、政党等の名称、候補者の推薦届出者・選挙運動員の氏名、候補者と同一戸籍内にある者の氏名を表示した年賀状、寒中見舞状、暑中見舞状などの挨拶状を当該候補者の選挙区内に頒布・掲示すること。

罰則 ▶
> **2年以下の禁錮、または50万円以下の罰金**
> 〔公職選挙法243条①関係〕

パンフレット・書籍の頒布違反

 要件 ▶ ①名簿届出政党等以外の者が、国政に関する重要政策等を記載したパンフレット・書籍（以下「パンフレット等」）を頒布すること。

②名簿届出政党等の本部において直接発行していないもの、総務大臣に届け出ていないものを頒布することや制限種類を超えて頒布すること。

③パンフレット等に当該名簿届出政党等の代表者以外の候補者・名簿登載者の氏名または写真等の氏名類推事項を掲載して頒布すること。

④パンフレット等の表紙に、頒布責任者と印刷者の氏名および住所（法人の場合は名称および所在地）ならびに届出を行ったパンフレット等である旨を表示する記号を表示しないで頒布すること。

⑤郵送で頒布したり、各家庭に戸別に頒布するなど、決められた方法以外の方法で頒布すること。

解説 ■■ 当該名簿届出政党等の役職員・構成員として違反行為をした場合に罰則の対象とされます。

罰則 ▶

> **2年以下の禁錮、または50万円以下の罰金**
> 〔公職選挙法243条②関係〕

選挙運動費用の法定額違反

 要件 ▶ 出納責任者が、都道府県の選挙管理委員会または中央選挙管理会が告示する制限額を超えて、選挙運動に関する支出をしたり、させること。

罰則 ▶

> **3年以下の禁錮、または50万円以下の罰金**
> 〔公職選挙法247条関係〕

収入支出に関する規制違反

 要件

▶①出納責任者選任（異動）届が提出される前に、出納責任者が候補者等のために寄附を受けたり、支出をしたりすること。

②出納責任者が、会計帳簿を備えなかったり、これに収支を記載しなかったり、あるいは虚偽の記載をしたりすること。

③出納責任者以外の者が寄附を受けたとき、7日以内に出納責任者に明細書を提出しなかったり、これに虚偽の記載をしたりすること。

④出納責任者または出納責任者から文書による承諾を得た者以外の者が立候補準備行為に要するものや、電話またはインターネット等による選挙運動に要するもの以外の選挙運動に関する支出をすること。

⑤支出をした者が、支出を証明する書面（領収書など）を徴収しなかったり、出納責任者に送付しなかったり、これに虚偽の記載をしたりすること。

⑥出納責任者が職務を果たせなくなった際に、職務代行者などに事務の引継ぎをしないこと。

⑦出納責任者が、選挙運動費用収支報告書とその他の添付書類（宣誓書・領収書等・明細書）を提出しなかったり、これらに虚偽の記載をしたり、提出後3年間保存しなかったりすること。また、都道府県の選挙管理委員会、参議院合同選挙区選挙管理委員会または中央選挙管理会に報告又は資料の提示を求められたときに拒んだり、虚偽の報告をしたりすること。

罰則▶

3年以下の禁錮、または50万円以下の罰金
〔公職選挙法246条関係〕

推薦団体の選挙運動の規制違反

 ▶①推薦団体が、候補者の届け出があった日から投票日の前日までの間、推薦団体の役職員や構成員が、候補者の属する選挙区ごとに、その候補者数の4倍（合同選挙区は8倍）に相当する回数を超えて推薦演説会を開催したり、電車・バスの車中、鉄道敷地内、病院や療養所などで推薦演説会を開催すること。また、枚数制限・規格制限を超えて推薦演説会告知用ポスターおよび推薦演説会場におけるポスター・立札・看板の類を掲示したり、これらに特定の候補者の氏名（氏名類推事項を含む）を掲載したり、これら以外の文書図画を掲示・頒布すること。

②推薦演説会告知用ポスターに都道府県の選挙管理委員会または参議院合同選挙区選挙管理委員会の検印・証紙がなかったり、掲示責任者および印刷者の氏名および住所がない場合、国・地方公共団体が所有・管理する建物（公営住宅などを除く）などに推薦演説会告知用ポスターを掲示したり、他人の建物に承諾なくポスターを掲示すること。

解説 ━ 掲示場所違反（②）の場合は、量刑が異なります。

罰則 ▶
> 100万円以下の罰金（①）
> 50万円以下の罰金（②）
>
> 〔公職選挙法252条の2関係〕

選挙期日後の挨拶行為の制限違反

 ▶選挙期日後に、当選または落選の挨拶として、戸別訪問をしたり、挨拶状（答礼のためにする自筆の信書やインターネット等を利用する方法により頒布される文書図画などを除く）を出したり、当選祝賀会やその他の集会を開いたりすること。

罰則 ▶
> 30万円以下の罰金
>
> 〔公職選挙法245条関係〕

選挙期間中の政治活動の規制違反　1

▶ ①選挙期日の公示の日から投票日までの間、確認団体以外の政治団体の役職員や構成員が、政談演説・街頭政談演説の開催、ポスターおよび立札・看板の類の掲示、ビラの頒布、宣伝・告示のために政治活動用自動車・拡声機の使用などを行うこと。または、確認団体の役職員や構成員が、政談演説会の回数制限、街頭政談演説・拡声機使用の場所制限、政治活動用自動車の台数制限、ポスターの枚数・規格制限、立札・看板の類の個数制限、ビラの種類制限に違反してこれらの政治活動を行うこと。

②選挙期日の公示の日から投票日までの間、政党その他の政治団体の役職員や構成員が、連呼行為（確認団体が政談演説会や街頭政談演説の場所、政治活動用自動車の車上でする場合を除く）、特定の候補者の氏名（氏名類推事項を含む）を記載した文書図画（新聞・雑誌・インターネット等を利用する方法を除く）の掲示・頒布、国・地方公共団体が所有・管理する建物（公営住宅などを除く）への文書図画（新聞・雑誌を除く）の頒布（郵便・新聞折込みの方法による頒布を除く）を行うこと。

③確認団体の役職員や構成員が、都道府県の選挙管理委員会に届け出ないで政談演説会を開催したり、午後8時から翌日午前8時までの間に街頭政談演説を開催すること。または、他の選挙が重複して行われる場合、当該および他の選挙の投票日当日にその投票所、共通投票所を設けた場所の入口から300m以内の区域で政談演説会や街頭政談演説を開催すること。

④選挙期日の公示の日から投票日までの間、政党その他の政治団体の役職員や構成員が、当該選挙に関する報道・評論が掲載された機関新聞紙・機関雑誌を通常以外の方法で頒布したり、当該選挙に関する報道・評論の掲載が禁止されている機関新聞紙・機関雑誌を発行すること。

罰則

100万円以下の罰金

〔公職選挙法252条の3①関係〕

選挙期間中の政治活動の規制違反　2

要件

▶ ①政治活動用自動車の外部から見やすい箇所に、総務大臣の定める表示板を掲示しないこと。または、政談演説会告知用の立札・看板の類に、都道府県の選挙管理委員会が定める表示をしないこと。

②ポスターの表面に、総務大臣の交付する証紙・検印がなかったり、確認団体の名称、掲示責任者および印刷者の氏名・住所を記載しないこと。または、立札・看板の類の表面に、掲示責任者の住所・氏名を記載しないこと。

③ポスターや立札・看板の類を、国・地方公共団体が所有・管理する建物（公営住宅などを除く）に掲示したり、他人の建物に承諾なく掲示したり、その撤去命令に従わないこと。または、確認団体の名称、選挙の種類、法定ビラであることを表示する記号などが記載されていないビラを頒布すること。

④公示前から掲示されていた政党その他の政治団体の政治活動用ポスターで、当該ポスターに氏名等が記載された者が候補者となったため撤去しなければならないものについて、撤去命令に従わないこと。

解説

これらの制限違反を犯せば、政党その他の政治団体の役職員および構成員か否かを問わず、行為者が罰則の対象となります。

罰則

> **50万円以下の罰金**
>
> 〔公職選挙法252条の3②関係〕

160

寄附の制限に関する罪

候補者等の寄附の禁止違反

 要件 ▶ ①候補者等が、選挙区内にある者に対して、選挙に関する寄附
を行うこと（政党等や親族への寄附、選挙区内で行われる政
治教育集会に関する必要最小限度の実費補償を除く）。
または、選挙に関しないものであっても通常一般の社交の程
度を超えて寄附をすること。
②候補者等が、選挙区内にある者に対して、選挙に関しないも
ので、かつ、通常一般の社交の程度を超えない寄附を行うこ
と（候補者等本人が出席する結婚披露宴の祝儀や葬式・通夜
の香典を除く）。

解説 ■ 選挙に関する寄附は、選挙に関しない寄附よりも刑が加重されています。
また、②については、候補者等本人が出席して、その場で渡す結婚
披露宴の祝儀や葬式・通夜の香典であっても、通常一般の社交の程
度を超えるものは、①と同様の罰則が科せられます。

罰則 ▶
> １年以下の禁錮、または30万円以下の罰金（①）
> 50万円以下の罰金（②）
>
> 〔公職選挙法249条の2①②③関係〕

候補者等を名義人とする寄附の禁止違反

 要件 ▶ 候補者等以外の者が、候補者等の選挙区内にある者に対して、
候補者等の名義で寄附を行うこと（候補者等の親族への寄附、
選挙区内で行われる政治教育集会に関する必要最小限度の実費
補償を除く）。

解説 ■ 会社や後援会などの団体が違反した場合には、その役職員または構
成員として違反した者が罰則の対象となります。

罰則 ▶
> 50万円以下の罰金
>
> 〔公職選挙法249条の2④関係〕

候補者等の関係会社等の寄附の禁止違反

 要件 ▶ 候補者等が役職員や構成員である会社・その他の法人・団体が、選挙に関して、候補者等の氏名を表示し又は候補者等の氏名が類推されるような方法で、選挙区内にある者に対して寄附をすること（政党などへの寄附を除く）。

罰則 ▶
> **50万円以下の罰金**
>
> 〔公職選挙法249条の3関係〕

候補者等の氏名を冠した団体の寄附の禁止違反

 要件 ▶ 候補者等の氏名や氏名類推事項を冠した会社・その他の法人・団体が、選挙に関して、選挙区内にある者に対して寄附をすること（当該候補者等、政党などへの寄附を除く）。

罰則 ▶
> **50万円以下の罰金**
>
> 〔公職選挙法249条の4関係〕

国等と特別の関係にある者の寄附の禁止違反

 要件 ▶ ①国と請負契約などの特別な利益を伴う契約を結んでいる者が、参議院議員選挙に関して、寄附をすること。
②国から利子補給金の交付の決定を受けた金融機関から融資を受けている会社その他の法人が、参議院議員選挙に関して、利子補給金の交付の日から1年以内に寄附をすること。

罰則 ▶
> **3年以下の禁錮、または50万円以下の罰金**
> **（会社その他の法人については、役職員として当該違反行為をした者）**
>
> 〔公職選挙法248条①②関係〕

後援団体に関する寄附の禁止違反

 要件 ▶ ①後援団体が、選挙区内にある者に対して寄附を行うこと（候補者等への寄附、政党などへの寄附、参議院議員の任期満了日の91日前までにその後援団体の設立目的により行う行事や事業に関する寄附を除く）。

②後援団体の総会その他の集会・見学・旅行などの行事において、任期満了日の90日前から選挙期日の間に、選挙区内にある者に対して、金銭や物品などを供与したり、供応接待をすること。

③候補者等が、任期満了日の90日前から選挙期日の間に、自分の後援団体（資金管理団体を除く）に対して、寄附をすること。

罰則 ▶

> **50万円以下の罰金**
>
> 〔公職選挙法249条の5関係〕

寄附の勧誘・要求の禁止違反

 要件 ▶ ①国と請負関係にある会社などや、国から利子補給金の交付の決定を受けている金融機関から融資を受けている会社などに対して、選挙に関して寄附を勧誘したり、要求したり、または寄附を受けること。

②候補者等を威迫して、選挙区内にある者に対する寄附を勧誘したり、要求すること。

③候補者等の当選を無効にさせたり、被選挙権を停止させる目的で、寄附を勧誘したり、要求すること（一定の場合を除く）。

④候補者等以外の者を威迫して、候補者等の名義で選挙区内にある者に寄附するように勧誘したり、要求すること。

解説 ▬ それぞれの場合に応じて、量刑が異なります。

罰則 ▶

> **1年以下の懲役・禁錮、または30万円以下の罰金（②・④）**
> **3年以下の禁錮、または50万円以下の罰金 （①）**
> **3年以下の懲役・禁錮、または50万円以下の罰金 （③）**
> 〔公職選挙法249条、249条の2⑤⑥⑦関係〕

寄附の量的制限違反（政治資金規正法）

 要件 ▶ ①個人や会社などの団体が、それぞれの制限額などの規定に違反して、寄附をすること。

②政治団体や政治家などが、個人や会社などの団体から、制限額を超えて寄附を受けること。

③会社などの団体に対して、政党・政治資金団体以外の者（公職の候補者や後援団体など）への寄附を勧誘したり、要求すること。

解説 ■■■ 団体の役職員や構成員が違反した場合には、その行為者を罰するほか、その団体に対しても罰金刑が科せられます（両罰規定）。

また、違反行為により受領した寄附は没収または追徴されます。寄附の量的制限などの規定の概要は、次のとおりです。

寄附者	寄附の受領者	総枠制限／個別制限
個人	政党・政治資金団体	2千万円／なし
	資金管理団体 その他の政治団体 公職の候補者※	1千万円／150万円
会社などの団体	政党・政治資金団体	750万円～1億円／なし
政治団体 （政党及び政治資金団体以外）	政党・政治資金団体 公職の候補者※	なし／なし
	資金管理団体 その他の政治団体	なし／5千万円

※政治家への金銭・有価証券による寄附は、選挙運動に関するものを除き、禁止されています。

罰則 ▶
1年以下の禁錮、または50万円以下の罰金（行為者）
50万円以下の罰金（団体）

〔政治資金規正法26条関係〕

164

寄附の質的制限違反（政治資金規正法）

要件 ▶ ①外国人、外国法人、その主たる構成員が外国人や外国法人である団体やその他の組織から、寄附を受けること（主たる構成員が外国人又は外国法人である日本法人のうち、上場会社であって、その発行する株式が5年以上継続して上場されている者等からの寄附を除く）。

②本人以外の名義で寄附をしたり、本人以外の名義による寄附を受けること。または、匿名で寄附をしたり、匿名の寄附を受けること（政党匿名寄附を除く）。

③国から補助金・負担金・利子補給金・その他の給付金の交付の決定を受けた会社が、交付の決定の通知を受けた日から1年以内に寄附をすること（試験研究、調査、災害復旧に係るものや、その他性質上利益を伴わない補助金などを除く）。または、これらに対して寄附を勧誘したり、要求すること。

④国から資本金・基本金・その他これらに準ずるものの出資や提供を一部でも受けている会社が寄附をすること。または、これらに対して寄附を勧誘したり、要求すること。

⑤3事業年度にわたり継続して欠損を生じている会社（赤字会社）が、その欠損がうめられるまでの期間中に寄附をすること。または、これらの寄附を受けること。

解説 ■ 団体の役職員や構成員が違反した場合には、その行為者を罰するほか、その団体に対しても罰金刑が科せられます（両罰規定）。
また、違反行為により受領した寄附は没収または追徴されます。
なお、⑤の赤字会社の寄附については量刑が異なります。

罰則 ▶
> 3年以下の禁錮、または50万円以下の罰金（行為者）（①〜④）
>
> 50万円以下の罰金（赤字会社の行為者）（⑤）
> 50万円以下の罰金（団体）（①〜⑤）
>
> 〔政治資金規正法26条2・3、28条の3関係〕

公民権停止

公職選挙法・政治資金規正法違反

ポイント

▶ 公職選挙法に規定する選挙犯罪を犯し、刑に処せられたり、または、政治資金規正法に違反し、刑に処せられたりすると、選挙権および被選挙権が一定期間停止されることがあります。

▶ 公職選挙法違反、または政治資金規正法違反の罪を犯した者は、それぞれの罪状に応じて処罰されますが、処刑者は、さらに一定期間、選挙権および被選挙権（公民権）が停止され（一部を除く）、投票することも立候補することもできず、また選挙運動をすることもできません（連座制の適用により当選無効・立候補制限を受けた候補者は、公民権を停止されるものではありません）。参議院議員が被選挙権を失えば、国会法により、その職を失うことになります。停止期間は、犯した罪や刑罰の種類によって異なります。

罰則

【原則的な停止期間】
- ●罰金刑の場合／裁判が確定した日から5年
- ●罰金刑の執行猶予の場合／裁判が確定した日から刑の執行を受けることがなくなるまでの間
- ●禁錮以上の刑の場合／裁判が確定した日から刑の執行が終わるまでの実刑期間と、さらにその後の5年間
- ●禁錮以上の刑の執行猶予の場合／裁判が確定した日から刑の執行を受けることがなくなるまでの間
- ●買収罪や利害誘導罪などの累犯者／裁判が確定した日から刑の執行が終わるまでの実刑期間と、さらにその後の10年間（罰金刑に処せられた者については、裁判が確定した日から10年間）

〔公職選挙法252条関係、政治資金規正法28条関係〕

国外における選挙犯罪

国外犯として処罰することとされている罪

要件 ▶ 日本国外において、次の選挙犯罪を犯すこと。

①選挙犯罪の中で最も選挙の公正を害し、かつ、民主主義を腐敗・堕落させるおそれの高い買収罪等

②選挙が公正に行われるための基本的条件である選挙の自由を妨害する罪

③公正な手法・手続による投票を阻害する投票干渉罪、詐偽投票罪等

④選挙人の投票に不当な影響を及ぼす公務員等の選挙運動制限違反の罪等

解説 国外犯とは、日本国外で犯した場合にも処罰することとしている罪をいいます。公職選挙法において規定されている国外犯は、日本国民に限って処罰の対象とする、いわゆる国民の国外犯です。国外犯として処罰することとされている罪は、上記のように、選挙の自由と公正を確保するために特に国外犯処罰が必要不可欠な罪について指定されています。

国内においては、選挙運動について厳しい制限が課されており、定められた一定のもの以外の文書図画の頒布・掲示、戸別訪問などについては処罰されることとされていますが、選挙公営を実施しない国外においては、日本における選挙運動の規制と同様の規制をすることは適当でないことから、ビラやポスターなどの頒布・掲示についても、行為が国外において完結する限りは規制しないこととされています。

ただし、外国人による政治活動を禁止している国もあるので、外国における選挙活動についてもそれぞれの国の法令等により許される範囲で、外国との摩擦を生じないよう行わなければなりません。

罰則
> ## 国内における選挙犯罪と同量刑
> 〔公職選挙法255条の3関係〕

参議院選挙要覧〈令和4年・最新版〉

無断禁転　　　　　　　　　　　　　令和4年6月14日発行

選挙制度研究会　編

発行／国政情報センター

発行人／中 島 孝 司

〒150-0044 東京都渋谷区円山町5-4 道玄坂ビル

電　話　03-3476-4111

ＦＡＸ　03-3476-4842

振替口座　00150-1-24932

定価：3,080円（本体2,800円＋税10%）　落丁・乱丁本はお取り替えいたします。

ISBN978-4-87760-334-2　C3031　¥2800E